Wolfgang Fiel (Hrsg.)

Coming Full Circle

Nachhaltige Architektur von Baumschlager Hutter Partners

Birkhäuser
Basel

Inhalt

Bauen mit Vernunft –
Coming Full Circle
Carlo Baumschlager
Jesco Hutter

Aristoteles beschreibt im 6. Buch seiner Nikomachischen Ethik, „[…] dass nun das Bauen eine Kunst und ein wesenhaft mit Vernunft verbundenes Verhalten ist […]".

Dieser Anspruch gilt immer noch. In der Architektur geht es um Kunst und um Vernunft. Die Kunst gibt uns den Raum, um wunderbar und viel zu streiten, während uns die Vernunft immer enger werdende Grenzen aufzeigt. Vernunft ist definiert als die geistige Fähigkeit, sinnliche Wahrnehmungen zu reflektieren, zu strukturieren, Schlüsse zu ziehen und daraus jene Erkenntnisse zu gewinnen, die im besten Fall der Kunst zu ihrer Freiheit verhelfen.

Carlo Baumschlager durfte vor über 30 Jahren bei Richard Buckminster Fuller studieren. Das hat ihn begeistert und nachhaltig geprägt. Die Wahrnehmung der Erde als „Spaceship Earth", wie Bucky Fuller sie mit dieser berühmten Metapher bezeichnet hat, zeigt, dass wir in unserer heutigen Welt weiter denn je davon entfernt sind, die Bedienungsanleitung für unseren Planeten zu kennen. Die Toleranzreserven für Versuch und Irrtum sind limitiert oder vielleicht schon aufgebraucht. Unsere und vor allem die Zukunft unserer Kinder erscheint erschreckend unvorhersehbar. Das Dramatische an dieser Geschichte ist, dass wir unsere Welt und ihre Koordinaten schon längst recht präzise beobachten und die Notwendigkeit für ernsthaftes, vernunftgelenktes Handeln durchaus spüren und klar vor Augen haben.

Hans Carl von Carlowitz hat bereits 1713 in seiner *Sylvicultura oeconomica*, der ersten Schrift zur Forstwirtschaft, zu einer zwingend nachhaltenden Nutzung des Waldes aufgerufen:

„Wird derhalben die gröste Kunst / Wissenschafft / Fleiß und Einrichtung hiesiger Lande darinnen beruhen / wie eine sothane Conservation und Anbau des Holtzes anzustellen / daß es eine continuirliche beständige und nachhaltende Nutzung gebe / weiln es eine unentberliche Sache ist / ohne welche das Land […] nicht bleiben mag."

Kreislauf als Prinzip, Kreislauf als Antrieb unseres „Raumschiffs", um bei dem oben erwähnten Bild zu bleiben, bedeutet, dass die Grundausstattung des Planeten stabil bleibt und uns ausschließlich der Überschuss zum Verbrauch zur Verfügung steht.

Es gehört zu den schönsten und zugleich schwierigsten Aufgaben, Räume für die Zukunft zu entwerfen. Wir Architekten sind in unserem Tun – so wie wir es verstehen – Generalisten und wir treten an, um Visionen zu entwickeln, mit Künstlerinnen und Wissenschaftlerinnen, Ingenieurinnen und Auftraggeberinnen zu kooperieren, um brauchbare Antworten für die gestellten Fragen zu finden.

Für uns gilt die Direktive, der ungeschriebene Vertrag, dass zu Bauendes vernünftig, schön, dauerhaft, wandlungsfähig und sparsam sein muss. Vieles an Wissen ist vorhanden und es gilt, die Aktualität dieses Wissens immer wieder zu überprüfen, es sinnvoll und neu zusammenzufügen und darin Möglichkeiten zu erkennen und konsequent weiterzuentwickeln. „Der Einzelne", „die Allgemeinheit" und „die Welt" stehen dabei in ständigem Widerspruch.

Zum vernünftigen Bauen, welches wir uns auf unsere Fahne geschrieben haben, sind unter anderem nachvollziehbare Fakten erforderlich. Verständliche Erklärungen helfen Allgemeingültigkeit herzustellen. Überprüfbares kann planvolle Entwicklung vorantreiben und dabei helfen, dem Gegenwind zu trotzen. Realisierte Projekte mit ihren Zielen, Prozessen und Resultaten bleiben ein brauchbares Mittel, um zu zeigen, was jetzt möglich ist. Diese gebauten Beispiele dokumentieren, wie sich „unsere“ Themen in Architektur, also in gebauten Räumen, ausdrücken. In diesem Sinne verstehen wir unsere Verpflichtung zum „Bauen mit Vernunft.“

Einleitung
Klaus Daniels

So einfach wie möglich, koste es, was es wolle. — Ludwig Mies van der Rohe

Dieses Motto, leicht abgewandelt, müsste heute heißen: „So energieschonend wie möglich – aber im Einklang mit der Architektur." Der Klimawandel, die Schonung der fossilen Brennstoffe und die Reduktion der CO_2-Emissionen sind die wesentlichen Herausforderungen, welchen wir uns stellen müssen.

Vor circa 35 Jahren haben wir uns als Ingenieure die Frage gestellt, ob die seinerzeitigen Planungsansätze im Bereich der Gebäudetechnik zukunftsweisend seien, und kamen zu dem Resümee, dass nachhaltiges Bauen und damit die Reduzierung des Energieeinsatzes nur in enger Zusammenarbeit mit Architekten möglich sei. Im Jahr 1985 hatten wir erste Kontakte zum damaligen Büro Baumschlager Eberle und trafen hier auf großes Interesse, mit einem gesamtheitlichen Ansatz zu Ergebnissen zu kommen, die tatsächlich den Namen „nachhaltige Architektur und Energiewirtschaft" verdienten und verdienen.

Ressourcenschonendes Bauen beginnt logischerweise bereits mit anfänglichen Studien über die Außenbedingungen eines Standortes, in dem ein Projekt entwickelt werden soll. Ob es um die natürliche Belüftung von Objekten, die Entspeicherung eingetragener Wärmeenergie während der Nacht, den Solareintrag zuzeiten des Heizens und eine ausreichende Tagesbelichtung geht, hängt letztlich davon ab, welche natürlichen Ressourcen ein Standort bietet. Bezieht man diese Erkenntnisse in die ersten Planungsschritte mit ein und entwickelt unter Berücksichtigung derselben die richtige städtebauliche Positionierung sowie die Form einer Baustruktur, so kann man bereits im ersten Ansatz die üblicherweise auftretenden Energieverbräuche massiv senken. Unter diesem Aspekt sollte ein Gebäude einerseits möglichst kompakt sein, andererseits jedoch Tiefen aufweisen, die eine natürliche Durchlüftung und Belichtung zulassen.

Die Gebäudehülle mit ihren energiesparenden Kenndaten wird üblicherweise von den Architekten bestimmt und trägt in einem weiteren Schritt zur Reduzierung des Ressourcenverbrauches bei. Die Notwendigkeit, Architektur, Bauphysik und dienende Gebäudetechnik zu einem Thema zusammenzufassen, wurde von Carlo Baumschlager und Dietmar Eberle frühzeitig erkannt und hat bei gemeinsamen Planungen die notwendige Symbiose, also ein verständnisvolles Zusammenarbeiten von Architekten und Ingenieuren ergeben. So wurden u. a. ausgezeichnete Projekte wie das ETH e-science lab, Zürich, und das Verwaltungsgebäude WHO/UNAIDS, Genf, entwickelt.

Nach der Gründung von Baumschlager Hutter Partners im Jahr 2010 (nachdem sich die ursprüngliche Gesellschaft Baumschlager Eberle aufgelöst hat), konnten wir unsere Erfahrungen mit denen von Carlo Baumschlager und Jesco Hutter weiterentwickeln. Diese Weiterentwicklung führte u. a. zur gemeinsamen Bearbeitung des Objektes BOKU, Institut für Bodenkultur der Universität Wien, und gipfelte im österreichischen Staatspreis für Architektur und Nachhaltigkeit 2019.

Das verständnisvolle Zusammenspiel zwischen den Architekten Baumschlager Hutter Partners sowie HL-Technik Engineering GmbH hat immer wieder Entwürfe hervorgebracht, die sich mit ihren Ergebnissen sehen lassen können. Dabei ist es von Wichtigkeit, dass im Dialog aller an der Planung beteiligten Büros ein gemeinsames Bewusstsein für die Parameter gebäudetechnischer Anlagen entsteht, dass diese nur einen Restbedarf des üblichen Verbrauchs zu decken haben und für den Betreiber der Immobilie langfristig zu erheblichen Einsparungen führen.

Die Gebäudetechnik sollte sich aus dem Wissen um das Verhältnis zwischen den Verbräuchen für die Erstellung und den Betrieb ableiten lassen – hierbei unter Berücksichtigung der Komfortansprüche der späteren Nutzer. Nur durch die systematische Bearbeitung im Rahmen eines ganzheitlichen Ansatzes können Ergebnisse erzielt werden, die zukunftsweisend sind. Neben dem Verbrauch an Wärmeenergie, Kälteenergie sowie Betriebsenergie, spielen auch der Wasserverbrauch und die Reduzierung desselben in Zukunft eine größere Rolle.

Natürliche Ressourcen wie Luftströmungen, direkt und indirekt genutzt, Nutzung der Solarenergie zur Erzeugung thermischer und elektrischer Energie, Nutzung der Geothermie in direkter oder indirekter Form, Nutzung von Regen-/ und Grauwasser usw. werden zukünftig eine immer größere Rolle spielen. Unverkennbar beginnt ein Umdenken in breiteren Kreisen in Bezug auf die Erhaltung unseres Planeten und die Vermeidung eines dramatischen Klimawandels. Nicht zu vernachlässigen ist auch, dass alle Rohstoffe der Erde endlich sind und das wirkliche Recyceln der Baustoffe notwendig ist.

In diesem Sinn wünschen wir Baumschlager Hutter Partners und uns weitere interessante Projekte, bei denen es möglich ist, konsequent an Zukunftsthemen zu arbeiten.

Kurzbiografie Klaus Daniels

Klaus Daniels hat zwischen 1957 und 1960 eine Lehre als Betriebstechniker absolviert, war danach für zwei Jahre Triebwerksmechaniker bei der Bundeswehr und hat 1961 ein Studium an der FH Köln aufgenommen, das er 1964 als Diplom-Ingenieur der Gebäudetechnik abgeschlossen hat. Nach Praxisjahren bei unterschiedlichen Unternehmen, hat er 1969 sein erstes eigenes Büro mit Schwerpunkt energieeffiziente Klima- und Lüftungssysteme gegründet und wurde 1991 als ordentlicher Professor an die ETH Zürich berufen, wo er bis zu seiner Emeritierung den Lehrstuhl für Gebäudetechnik innehatte. Von 2008 bis 2011 war er Professor an der TU Darmstadt und ist aktuell Geschäftsführer der HL-Technik Engineering GmbH mit Sitz in München.

Ausgewählte Bauten

Öko-Hauptschule Mäder, AT

→ 116

OeAD-Gästehaus
Wien, AT

→ 122

EINBAHN
ausgen.

Triple Bottom Line

Wolfgang Fiel

Ursprünge der Ökologiebewegung

Die allgemeinen Entwicklungen der jüngeren Vergangenheit[1] führen uns mit zunehmender Dringlichkeit vor Augen, dass die Auswirkungen des Klimawandels bereits spürbare Veränderungen mit sich bringen. Die oft bemühte Metapher der Uhr, die auf 5 vor 12 steht, suggeriert in der Regel den Umstand, dass der Menschheit nur mehr wenig Zeit für die nötigen Kurskorrekturen bleibt. Eine alternative Interpretation dieses Bildes wäre, dass wir trotz des Bewusstseins ob der steigenden Risiken schon viel zu lange untätig auf den Abgrund zusteuern.

Ausgehend von dieser Interpretation, möchte ich eingangs anhand von zwei Beobachtungen auf die zeitliche Dimension des globalen Klimawandels eingehen. Die menschliche Zivilisation hat aus evolutionsgeschichtlicher Perspektive innerhalb einer vergleichsweise kurzen Zeitspanne durch das Oxidieren fossiler Brennstoffe sehr große Mengen an gespeichertem CO_2 in die Erdatmosphäre geblasen und damit die vermutete Kapazität zur Selbstregulierung der Biosphäre an ihre Grenze gebracht. Die Theorie, auf die ich in diesem Zusammenhang rekurriere, nennt sich Gaia-Hypothese[2] und ist in den späten 1960er-Jahren von James Lovelock und Lynn Margulis vor dem Hintergrund der Annahme entwickelt worden, dass die Gesamtheit aller Organismen auf dem Planeten ein dynamisches System bilden und die Fluktuationen des planetaren Gashaushalts innerhalb eines selbstregulierbaren Rahmens halten. Auch wenn diese These bis heute nicht unumstritten ist, legen die beobachtbaren klimatischen Phänomene nahe, dass der intensivierte menschengemachte CO_2-Ausstoß die evolutionsbedingte Fähigkeit des Systems an einen sog. Kipppunkt geführt hat. Dass die Wissenschaft diesem Phänomen aber unabhängig von der Gaia-Hypothese erst in den 1950er-Jahren Bedeutung geschenkt und sich ernsthaft mit der Frage beschäftigt hat, wie die atmosphärischen Gase mit den Eigenschaften und der Regulierung der Biosphäre zusammenhängen, gibt uns einen ersten Hinweis auf die dramatische zeitliche Komprimierung einer Entwicklung von fundamentaler evolutionsgeschichtlicher Bedeutung.

Neben der wissenschaftlichen Dimension des Problems gilt meine zweite Beobachtung der ersten gesellschaftlichen Resonanz auf die sich anbahnenden Umweltprobleme, die sich etwa zur selben Zeit, also in den späten 1950er-Jahren, in Kalifornien ereignete. Dort formierte sich eine Bürgerrechtsbewegung, die später unter dem Namen „Counterculture" weltweite Aufmerksamkeit erlangen sollte und sich neben dem Widerstand gegen die US-amerikanische Militärintervention in Vietnam auch gegen die Konsumkultur und die gedankenlose Ausbeutung des Planeten eingesetzt hat. Im Kontext dieser Bewegung hat sich ein Zirkel von progressiv liberalen Intellektuellen und Wissenschaftlern formiert, die ihre Ideen unter der Schirmherrschaft von Stewart Brand in den Jahren von 1968 bis 1972 im sog. *Whole Earth Catalog*[3] unter dem Motto „access to tools" als eklektischen Mix von Themen wie Selbstgenügsamkeit, Ökologie, alternative Ausbildung, Do-it-yourself (DIY) oder Holismus in unregelmäßigen Abständen publiziert haben.

Zu dieser Gruppe radikaler Erneuerer, die mit dem reduktionistischen Weltbild einer auf Fortschritt und Effizienz ausgerichteten Moderne brechen wollten, gehörten neben Stewart Brand der Architekt und Erfinder Buckminster Fuller, der Historiker und Soziologe Lewis Mumford, der Ökonom Ernst F. Schumacher und der Architekt und Design-Theoretiker Christopher Alexander, um nur einige zu nennen. Das dieser Gruppe zugrunde liegende Ethos wurde mit dem Cover der ersten Ausgabe auf sehr anschauliche Weise auf den Punkt gebracht. Es zeigt die erste Farbfotografie der Erde, die 1967 mit einem Satelliten der NASA gemacht wurde und den Menschen die atemberaubende Schönheit des Planenten aus einer vollkommen neuen Perspektive vor Augen geführt hat.

Wachstum als Mantra

Dass die Counterculture gelegentlich als „Hippie Modernism"[4] bezeichnet wurde, lässt anklingen, was die Epoche der Moderne mit sich brachte, nämlich den fast fieberhaften Glauben an eine Fortschrittsideologie, die sich dem Versprechen hingab, alle

Bild links: Cover der ersten Ausgabe des *Whole Earth Catalog* aus dem Jahr 1968.
Bild rechts: Cover der ersten Ausgabe des Buchs *The Limits of Growth* aus dem Jahr 1972.

Bereiche menschlicher Aktivität durch permanente Optimierung effizienter und profitabler zu machen und damit „automatisch“ zur Hebung des Wohlstands und Verbesserung der allgemeinen Lebensbedingungen beizutragen. Da die Ideologie der Moderne zwangsläufig mit dem Mantra des Wachstums [5] verbunden ist, sind – um an das eingangs angesprochene Argument der lang anhaltenden gedankenlosen Ausbeutung natürlicher Rohstoffe anzuschließen – beinahe alle Anzeichen unterdrückt worden, die uns erlaubt hätten, die gravierenden ökologischen Konsequenzen dieser Entwicklung mit der ökonomischen und sozialen Realität abzugleichen und dabei festzustellen, dass nach dem Drei-Säulen-Modell [6] eine nachhaltige Entwicklung nur dann ganzheitlich gelingen kann, wenn neben der ökologischen auch die soziale und wirtschaftliche Dimension menschlicher Aktivität in eine gleichberechtige Balance gebracht werden. Die gebetsmühlenartig beschworene Mär vom freien Markt, durch den breiten Einsatz unterschiedlichster Steuerungsmittel im Prozess der wirtschaftlichen und politischen Willensbildung in die Zukunft zu retten, wird nicht dabei helfen, die gegenwärtigen Herausforderungen vorurteilsfrei in ihrer relationalen Bedingtheit zu betrachten und nicht alle Karten auf die technologische Lösung der Probleme zu setzen.

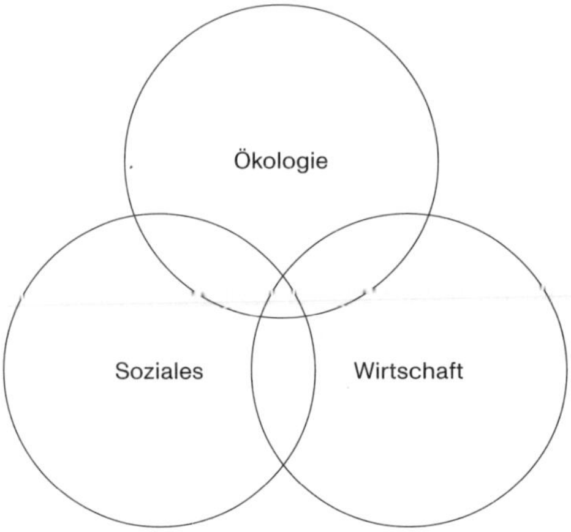

Drei-Säulen-Modell der nachhaltigen Entwicklung

Die Folgen der Moderne

Die Moderne hat vielen Lebensbereichen einen nachhaltigen Stempel aufgedrückt, wovon auch die jüngere Architekturgeschichte nicht ausgenommen ist. Wenn wir uns vor Augen führen, dass beinahe ⅓ des globalen CO_2-Ausstoßes direkt oder indirekt mit der Bauwirtschaft verbunden ist, wird klar, dass eine Kurskorrektur in diesem Bereich unabdingbar ist. Um auch diese Entwicklung in einen historischen Rahmen zu setzen, sei beispielsweise an das Zitat von Le Corbusier erinnert, wonach Architektur das kunstvolle, korrekte und großartige Spiel der unter dem Licht versammelten Baukörper ist.[7] Aus heutiger Sicht klingt die darin zum Ausdruck kommende Haltung eines Heroen moderner Architektur wie eine romantische Gutenachtgeschichte aus grauer Vorzeit, die – und dessen müssen wir uns bewusst sein – das Bild der Architektin/des Architekten und ihrer/seiner Aufgabe in der Gesellschaft bis vor kurzem entscheidend geprägt hat. Es ist klar, dass Architektur und Bauwirtschaft wie viele andere Bereiche von der Geschwindigkeit der gegenwärtigen Veränderungen „überrollt“ werden und nicht zuletzt auf der Ebene der universitären Grundlagenvermittlung an Bildern verhaftet sind, die das Bauen wahlweise als ästhetisches Schaulaufen im Dienst einer globalen Investorenelite oder gut gemeinte Dienstleistung an einer Gesellschaft verstehen, die es im Sinne der „Leistbarkeit“ mit architektonischer Massenware zur Erfüllung des Grundrechts auf Wohnen zu bedienen gilt.

Dass es trotz dieser bewusst pointierten Formulierung auch Beispiele gibt, die sich hinsichtlich der zukünftigen Anforderungen an die Ausbildung des architektonischen Nachwuchses positiv vom Mainstream abheben, steht außer Zweifel.

Im Rahmen der 14. Architekturbiennale in Venedig hat die Princeton University 2014 unter der Federführung der Architekturtheoretikerin Beatriz Colomina die Ergebnisse einer Forschungsarbeit mit dem Titel „Radical Pedagogies“ [8] gezeigt, die sich den Experimenten der Architekturausbildung in der Zeit nach dem Zweiten Weltkrieg gewidmet und dabei nach Beispielen gesucht hat, die den Architekturdiskurs und die architektonische Praxis herausforderten und – so die These der Ausstellungsmacherin – auch tatsächlich verändert haben.

Beispielhaft erwähnen möchte ich in diesem Zusammenhang das 1933 von Josef und Anni Albers, John Cage, Robert Creeley, Merce Cunningham, R. Buckminster Fuller, Clement Greenberg, Willem de Kooning und anderen ins Leben gerufene Black Mountain College in der gleichnamigen Bergstadt North Carolinas, das einen neuartigen Mix aus Kunst, Architektur und angewandter Wissenschaft mit bescheidenen Mitteln an sehr inklusive Gruppen von Studierenden vermittelt hat. Trotz seiner prekären und kurzen Existenz ist das Erbe des Black Mountain College enorm: Die rigorosen künstlerischen Praktiken und neuartigen Lehrmethoden sind klare Indikatoren für die möglichen „Früchte“ experimentellen Arbeitens und Forschens, die laut Eva Díaz, einer Mitautorin der Studie, darin liegen, „[…] den akademischen Mikrokosmos für die Erprobung und Organisation neuer Formen des politischen Handelns und sozialen Lebens zu nutzen“. [9]

Studium und Lehre am Black Mountain College, Buckminster Fuller (links) und Josef Albers (rechts), North Carolina, 1948

Viele der in der Ausstellung versammelten Beispiele fallen in die turbulente und gleichzeitig so fruchtbare Zeit der späten 1960er-

und frühen 1970er-Jahre, in der im Zuge der gesamtgesellschaftlichen Umwälzungen auch die Arbeit von Architektinnen und Architekten in einen breiteren Verantwortungs- und Wirkkontext eingeschrieben wurde und in Anbetracht der damaligen Voraussetzungen vielfach offener und experimentierfreudiger war, als dies heute der Fall ist.

In den 1970er- und 1980er-Jahren entwickelten sich im Zuge der sog. zweiten Umweltbewegung[10] in Deutschland auch erste subkulturelle Formen des öffentlichen Widerstands, die sich im Wesentlichen durch das Praktizieren eines „alternativen Lebensstils" auszeichneten oder im popkulturellen Bewusstsein durch eine charakteristische Ästhetik wie das Verwenden von Naturmaterialien oder exotischer Muster verankert sind. In diese Zeit fallen auch die ersten künstlerischen Manifestationen einer „neuen Künstlergeneration", für die der damals allgemein spürbare Übergang vom sog. Wirtschaftswunder in den beginnenden Neoliberalismus neue Prioritäten mit sich brachte,

Gründungsparteitag der Grünen in der Stadthalle Karlsruhe am 12./13. Januar 1980, Joseph Beuys in der Stadthalle. Abbildung: Peter Brüchmann, © Peter Brüchmann/Artbeau4

die auch in der Sorge um die Umwelt oder der Rolle des Einzelnen im Kontext der demokratiepolitischen Mitgestaltung zum Ausdruck kamen. Eine Schlüsselfigur in dieser Phase stellt Joseph Beuys dar, der als konstituierendes Gründungsmitglied der bundesdeutschen Grünen ein frühes parteipolitisches Statement gesetzt hat, dessen künstlerisches Werk darüber hinaus aber von einer metaphysischen Verbindung von Mensch und Natur durchdrungen ist und in vielschichtigen Anspielungen, Bezügen und symbolischen Manifestationen zum Ausdruck kommt. Über die Frage, inwieweit das künstlerische Vermächtnis von Beuys die intensivierte Beschäftigung zeitgenössischer Künstlerinnen und Künstler mit dem Thema Natur angeregt oder gar geprägt hat, kann nur spekuliert werden. Der Kunst kommt heute mehr denn je die Rolle der kritischen und möglichst breiten Bewusstseinsbildung zu, die mit den Programmen und ästhetischen Mitteln der Vergangenheit aber nur mehr sehr bedingt vereinbar ist.

Zirkuläre Architektur?

Der bewusst mit einem Fragezeichen versehene Begriff einer „Zirkulären Architektur“ ist aus heutiger Sicht noch Spekulation. Das liegt nicht daran, dass es mittlerweile eine hinreichend große Zahl von Proponenten in der Architektur und Bauwirtschaft gibt, die sich das nicht wünschen oder sehr gut vorstellen können. Das Problem liegt eher in der Frage, ob es einer ganzen Branche, die so sehr auf den Einsatz von Primärenergie und Rohstoffen angewiesen ist, tatsächlich gelingen kann, die gegenwärtige Praxis vollständig auf das Modell der Kreislaufwirtschaft umzustellen. Die pragmatische und gleichzeitig einzig mögliche Antwort lautet: Warum nicht? Wir müssen uns in einer kollektiven Kraftanstrengung auf den Weg machen und dabei zur Kenntnis nehmen, dass es vieler und gelegentlich vielleicht etwas kleinerer Schritte bedarf, um die vielschichtigen und im wortwörtlich geografischen Sinn weitreichenden Implikationen dieses Transformationsprozesses zu bewältigen. Auch im Bereich der Bauwirtschaft und Architektur gibt es Pioniere, die zum Teil bereits in den späten 1980er- und frühen 1990er-Jahren damit begonnen haben, sich mit Fragen der Nachhaltigkeit, regionaler

Wertschöpfung, Ressourcen- und Energieverbrauch zu beschäftigen, und dafür nicht selten belächelt wurden. Die Pionierphase nachhaltigen Bauens war im Wesentlichen vom Bemühen geprägt, die Ausrichtung und Öffnungen der Baukörper nach der Besonnung vorzunehmen, die Wärmeverluste der Gebäudehülle zu reduzieren und den Gesamtenergieverbrauch im Betrieb zu optimieren. Dieser Fokus auf die ökologischen Faktoren der Nachhaltigkeit ist von einigen relativ früh um soziale und wirtschaftliche Ziele erweitert worden, um einerseits der naheliegenden Forderung nach Leistbarkeit und andererseits jener nach sozialer Verträglichkeit oder neuen Formen des Miteinanders im kollektiven Wohnbau nachzukommen.

Zu Pionieren ganzheitlicher Nachhaltigkeit zählen Carlo Baumschlager und Dietmar Eberle, die 1985 ihr gemeinsames Büro in Vorarlberg gründeten und sich nicht zuletzt aufgrund der wirtschaftlichen, sozialen und kulturellen Rahmenbedingungen Vorarlbergs von Anfang an mit Fragen der sozialen Verträglichkeit ihrer Architektur beschäftigt und durch die Reduktion der gewählten Strategie auf die Bedürfnisse der spezifischen Aufgabenstellung ebenso in wirtschaftlicher Hinsicht zu Lösungen gefunden haben, die dem Anpassungsdruck schneller Nutzungsänderungen standhalten. Eine derartige Praxis ist ohne Experimente undenkbar, die von Bauherren explizit eingefordert und trotz der damit verbundenen Risiken auch gemeinsam getragen werden müssen. Nachdem jedes Experiment den Status quo infrage stellt, müssen dafür in einer vergleichsweise konservativen, Investitionskosten intensiven und reglementierten Branche zahlreiche Widerstände überwunden werden. Zu einer Zeit, als sich der Nachhaltigkeitsdiskurs noch in den Kinderschuhen befand, verdient diese Haltung daher besondere Anerkennung.

Nach der Gründung des Büros Baumschlager Hutter Partners haben Carlo Baumschlager und Jesco Hutter den Anspruch der kontinuierlichen Hinterfragung etablierter Praxen und Handlungsregime auf ihre Partner übertragen, die sich seit der Bürogründung 2010 schwerpunktmäßig mit Fragen der sozialen, wirtschaftlichen und ökologischen Nachhaltigkeit befassen und situationsbedingt mit wechselnden Schwerpunkten und einer breiten Palette unterschiedlichster Bauaufgaben in gelebte Baupraxis übersetzen. Dass jede architektonische Planung in die Realisierung eines Prototyps mündet, macht den ständigen

Bild oben: Mehrfamilienhaus Lessingstrasse, St. Gallen, CH
Bild unten: Mehrfamilienhaus RIVA home, Lauterach, AT

Spagat zwischen dem Universellen und Punktuellen, dem Globalen und Lokalen oder dem Generischen und Spezifischen zur größten Herausforderung einer Branche, deren Nachhaltigkeit letztlich auch an den schieren Mengen, Prozessen und systemischen Zusammenhängen gemessen wird, die das Zeitalter des Überflusses mit sich gebracht hat. Sich der Vielschichtigkeit und Komplexität dieser Situation immer wieder aufs Neue zu stellen, kennzeichnet die zentrale Herausforderung des vor uns liegenden Transformationsprozesses, für den die in diesem Buch dokumentierten Beispiele eine wertvolle Orientierung liefern.

Zum Konzept der Publikation

Nach etwas mehr als zehn Jahren wollen wir mit dieser Publikation eine erste Bilanz der Arbeit von Baumschlager Hutter Partners ziehen, die exemplarisch für die Prinzipien der ganzheitlichen Nachhaltigkeit steht und anhand der ausgewählten Projekte auch die große Bandbreite an Aufgabenstellungen dokumentiert, mit denen sich das Büro an derzeit sechs Standorten beschäftigt. Die Bemühung, einen historischen Bestand ressourcenschonend und mit großem gestalterischen Feingefühl in die Gegenwart zu holen, unterscheidet sich nicht von der kooperativen Entwicklung eines neuen Campus für das ambitionierte pädagogische Konzept einer Volks- und Mittelschule oder der Berücksichtigung spezieller sozialer und integrativer Bedürfnisse bei der Schaffung neuen Wohnraums. Allen Projekten ist gemein, dass die ökologische

Nachhaltigkeit im Rahmen der projektspezifischen Möglichkeiten ausgereizt wurde. Anhand von vier Beispielen wollen wir darüber hinaus zeigen, wie sich die Ziele der sozialen und wirtschaftlichen Nachhaltigkeit in der Praxis konkret manifestieren. Es handelt sich dabei um Aspekte der sozialen Nachhaltigkeit bei der *Schule am See* in Hard/Vorarlberg und dem Wohnbau *Am Südpark* in München sowie der wirtschaftlichen Nachhaltigkeit beim sog. *Türkenwirtgebäude* der Universität für Bodenkultur in Wien und dem *Pförtnerhaus* in Heerbrugg.

Das Buch gliedert sich im Wesentlichen in vier Abschnitte: Der erste Teil besteht aus einem Vorwort der beiden Gründer Carlo Baumschlager und Jesco Hutter und einer Einleitung von Klaus Daniels, dem emeritierten Professor für Haustechnik an der ETH Zürich und Geschäftsführer der HL-Technik Engineering GmbH. Eine Fotostrecke der ausgewählten Bauten bildet den zweiten Teil und soll aus unterschiedlichen Perspektiven und mit unterschiedlichen Detailgraden einen Eindruck von der räumlichen und sinnlichen Qualität der Projekte vermitteln und gleichzeitig den hohen gestalterischen Anspruch zum Ausdruck bringen, der mit den Zielen der Nachhaltigkeit nicht in Widerspruch steht. Im dritten Teil belegen Pläne, Zahlen und Fakten die technischen Aspekte der Nachhaltigkeit, die wir mit Unterstützung von Roman Smutny von der Universität für Bodenkultur Wien ermittelt haben und mit eigens dafür entwickelten Infografiken anschaulich zur Darstellung bringen. Im vierten und letzten Teil finden sich zusammenfassende und überblicksartige energetische Taxierungen der einzelnen Projekte, die in Verbindung mit einem Glossar der einschlägigen Fachterminologie den wissenschaftlichen Anspruch der damit verbundenen Arbeit untermauern. Die Publikation ist vom grafischen Büro Wien mit großer Sorgfalt und individuellen Detaillösungen gestaltet worden und macht die Lektüre neben den informativ aufbereiteten Inhalten auch zu einem sinnlichen Erlebnis.

1 Hier rekurriere ich auf die jüngsten globalen Wetterkapriolen mit extremer Hitze und Trockenheit oder schweren Überschwemmungen infolge beispielloser Niederschlagsmengen, um nur zwei einer schier unendlich langen Liste von Ereignissen zu nennen, die vonseiten der Wissenschaft ganz unmittelbar auf die globalen Klimaveränderungen zurückgeführt werden.

2 James E. Lovelock & Lynn Margulis (1974) Atmospheric homeostasis by and for the biosphere: the gaia hypothesis, Tellus, 26:1-2, 2–10, DOI: 10.3402/tellusa.v26i1-2.9731.

3 Die komplette erste Ausgabe des WEC findet sich als pdf unter: https://monoskop.org/images/0/09/Brand_Stewart_Whole_Earth_Catalog_Fall_1968.pdf.

4 Die 2015 im Walker Art Center unter dem Titel *Hippie Modernism: The Struggle for Utopia* gezeigte Ausstellung untersuchte die Überschneidungen von Kunst, Architektur und Design mit der Gegenkultur der 1960er- und frühen 1970er-Jahre. In dieser Zeit des Umbruchs gab es eine Vielzahl von radikalen Experimenten, die gesellschaftliche und berufliche Erwartungen infrage stellten, traditionelle Hierarchien umstürzten, neue Medien und Materialien erforschten und alternative Gemeinschaften und neue Formen des Zusammenlebens und -arbeitens bildeten. In diesem entscheidenden Moment begaben sich viele Künstlerinnen und Künstler, Architektinnen und Architekten, Designerinnen und Designer individuell und kollektiv auf die Suche nach einer neuen Art von Utopie, sei sie technologisch, ökologisch oder politisch, und übten damit Kritik an der bestehenden Gesellschaft.

5 Die Apologeten dieses Systems gehen davon aus, ihre Versprechen nur dann einlösen zu können, wenn Wachstum als konstituierender Naturzustand betrachtet wird. Ohne an dieser Stelle auf einen Diskurs einzugehen, der in der letzten Dekade in vielen Bereichen der wissenschaftlichen Forschung deutlich an Fahrt aufgenommen hat, verweise ich auf ihren historischen Ursprung, der sich mit einer gewissen Berechtigung an der Studie festmachen lässt, die im Auftrag des Club of Rome 1972 unter dem Titel *Die Grenzen des Wachstums. Bericht des Club of Rome zur Lage der Menschheit* (Originaltitel: *The Limits to Growth. A Report for the Club of Rome's Project on the Predicament of Mankind*) veröffentlicht und seither in Buchform über 30 Millionen Mal in über 30 Sprachen verkauft wurde.

6 Das sog. Drei-Säulen-Modell der nachhaltigen Entwicklung steht hier gewissermaßen stellvertretend für ein Diskursfeld, das weder im Kontext dieses Textes noch im Sinne einer inklusiven Definition des Nachhaltigkeitsbegriffs auf einen konsensualen Nenner gebracht werden kann. Das Drei-Säulen-Modell eignet sich aber für eine hinreichend gute Präzisierung der Forderung, wonach sich die gleichzeitige und gleichberechtigte Umsetzung von umweltbezogenen, wirtschaftlichen und sozialen Zielen gegenseitig bedingen.

7 Le Corbusier aus dem Jahr 1923 in: *Vers une architecture.*

8 Ausführliches Onlinearchiv des Forschungs- und Ausstellungsprojekts unter: https://radical-pedagogies.com/.

9 Ebd.: https://radical-pedagogies.com/search-cases/a21-black-mountain-college/.

10 In Deutschland wird zwischen einer ersten und zweiten Umwelt- oder Ökobewegung unterschieden. Die erste, etwa um die Wende vom 19. zum 20. Jahrhundert entstandene, geht auf die Romantik, Heimatschutzbewegung und Wurzeln der biodynamischen Landwirtschaft im Kontext der Anthroposophie zurück. 1899 hat Lina Hähnle in Stuttgart den Bund für Vogelschutz ins Leben gerufen, der als Vorläufer des heutigen deutschen Naturschutzbundes gilt.

Wohnen am Lohbach
Innsbruck, AT

→ 128

Seestadt Aspern
Wien, AT

→ 134

Wohnquartier am Neckarbogen Heilbronn, DE

→ 140

16

Schule am See
Hard, AT

→ 146

10:27

B
C
12-13

Türkenwirtgebäude der Universität für Bodenkultur Wien, AT

→ 160

BISS
FALAFEL - SCHNITZEL

MUSICAL HITS
Still
leben
MAITE
KELLY
SEMINO ROSSI
FANTASY · DJ ÖTZI
25.
11.
WIENER
STADTHALLE

Haus A
Rankweil, AT

→ 170

Pförtnerhaus Heerbrugg, CH

→ 176

Regionales Innovations- und Technologietransfer Zentrum (RITZ) Friedrichshafen, DE

→ 180

Am Südpark WA 1.1
München, DE

→ 186

Ausgewählte Bauten
Daten

Öko-Hauptschule Mäder, AT

→ 10

Wettbewerb:	1. Preis
Adresse:	Neue Landstraße 29 6841 Mäder
Bauherr:	Gemeinde Mäder
Planungsbeginn:	1994
Fertigstellung:	1998
Planung:	Baumschlager Eberle
Projektleitung:	Carlo Baumschlager Rainer Huchler
Grundstücksfläche:	5.860 m^2
Bebaute Fläche:	2.011 m^2
Nettofläche (Nutzfläche):	3.728 m^2
Umbauter Raum:	23.171 m^3
Auszeichnung:	Green Pin 2001

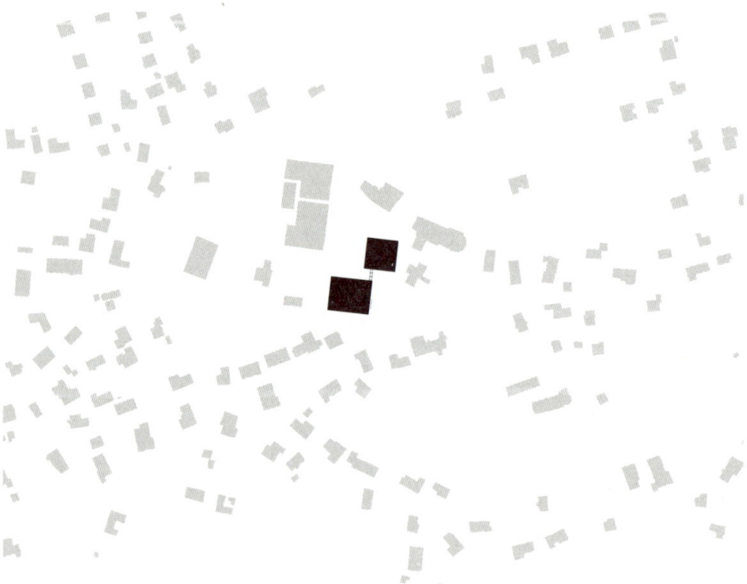

Mäder, ein Dorf im mittleren Vorarlberger Rheintal an der Grenze zur Schweiz, gehört zu den Pionieren der Energiebewegung und ist eine von 24 Gemeinden Österreichs (Stand 2019), die mit der höchsten Auszeichnung des sog. e5-Programms für energieeffiziente Gemeinden gewürdigt wurde. Diese Entwicklung hat mit der Planung und dem Bau der Hauptschule ein frühes Vorzeigeprojekt erhalten. Den Wettbewerb haben Baumschlager Eberle 1994 mit einem Konzept für sich entschieden, das viele Charakteristiken aufweist, die in weiterer Folge die Entwicklung des Büros und später auch jenes von Baumschlager Hutter Partners entscheidend prägen sollte: kompakte Baukörper mit zweischichtiger Fassade, sehr flexibel nutzbare Grundrisse und eine eigenständige ästhetisch anspruchsvolle Formensprache.

Der Standort der Schule markiert eine „neue Mitte", die unter anderem vom ebenfalls von Baumschlager Eberle entworfenen Gemeindesaal besetzt wird. Der Neubau der Öko-Hauptschule hat das Ortszentrum erheblich aufgewertet. Durch die Stellung der beiden oberirdisch getrennten Baukörper sind nicht nur zwei neue Außenräume entstanden (öffentlicher Platz und Schulhof), sondern auch klare Raumkanten. Das über Gelände viergeschossige Schulhaus wie auch die zu einem Drittel ins Erdreich abgesenkte Doppelturnhalle sind kompakte Baukörper mit geringem Grundflächen- und Energieverbrauch.

Die rundum zweischichtige Fassade des Schulhauses besteht aus einer Holz-Glas-Konstruktion, die von einem hinterlüfteten Mantel aus geschuppten Glaspaneelen umhüllt wird. Durch die mit dem Sonnenstand wechselnde Transparenz ändert sich auch die Wirkung des Baukörpers: von seiner Entmaterialisierung im Streiflicht bis hin zum Spiegel der Umgebung.

Die weitgehende Verglasung der Fassaden ermöglicht zusammen mit einem zentralen Lichtschacht und Oberlichtbändern in den Kastenwänden aus Holz eine natürliche Durchlichtung der Geschosse, trotz ihrer Grundfläche von 27 mal 27 Metern. Auf den Normalgeschossen gruppieren sich jeweils sieben außenliegende Klassenzimmer um einen großzügigen Pausenbereich. Ökologischer Ansatz, Raumökonomie und Raumqualität sind hier eine ausgewogene Synthese eingegangen.

Schlüsselfaktoren

- **Zukunftsweisendes Vorzeigeprojekt für energieeffizienten Bildungsbau**
- **Energieversorgung hauptsächlich durch erneuerbare Energieträger vor Ort: Biomasse, Solarenergie, Geothermie**

Qualität der Gebäudehülle

- Doppelfassade mit integriertem Sonnenschutz
- Die Wärmeschutzanforderungen an Außenwände und Dächer werden um mehr als die Hälfte unterschritten.

Qualität der Fenster

- Die Wärmeschutzanforderungen an Fenster wurden um rund 70 % unterschritten.
- Abgestimmtes Lichtmanagement mit Tageslichtsteuerung

Energieversorgung

- Hackschnitzel-Nahwärmeversorgung
- Solarwärmeversorgung mit hohem Deckungsgrad: 50 %, 28 m² Kollektorfläche
- Photovoltaikanlage inkl. Erweiterung 2012: 34 kWp, 283 m² Kollektorfläche
- Erdwärmetauscher zur Vorheizung und Vorkühlung der Außenluft, doppellagiges Röhrensystem unter dem Pausenhof
- Abwärme der Klassen zur Beheizung der Turnhalle (ohne konventionelles Heizsystem)

Ökologische Baustoffe

- Fassade in Holz-Leichtbaukonstruktion
- Fenster und Fassadenbekleidung aus Lärchenholz
- Innenwände in Holzständerkonstruktion
- Nussbaum als Furnierholz im Innenausbau
- PVC-freie Verkabelung
- Schafwolle für akustisch wirksame Elemente
- Lösemittelfreie Farben und Lacke

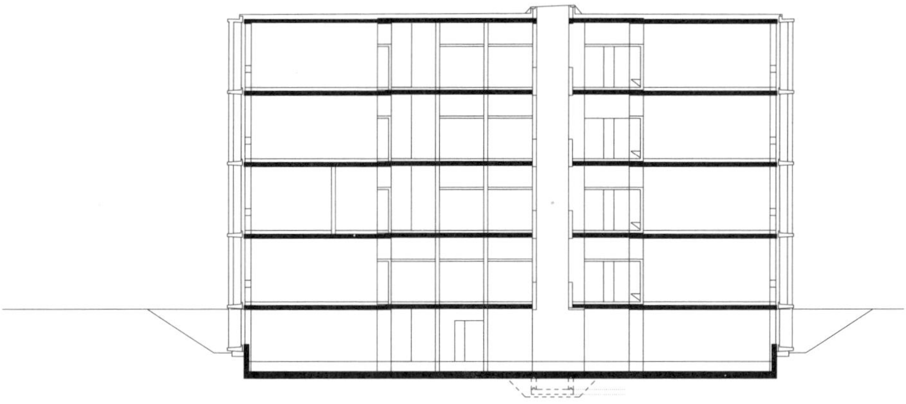

Schnitt

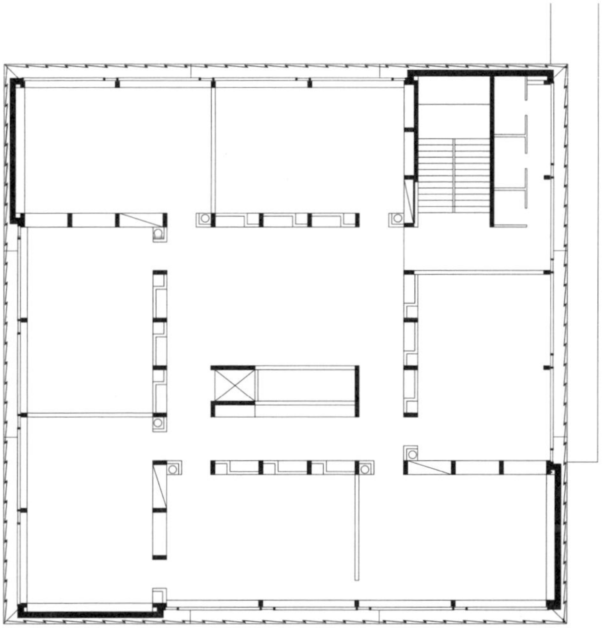

Regelgeschoss

Raumheizung Heizwärmebedarf

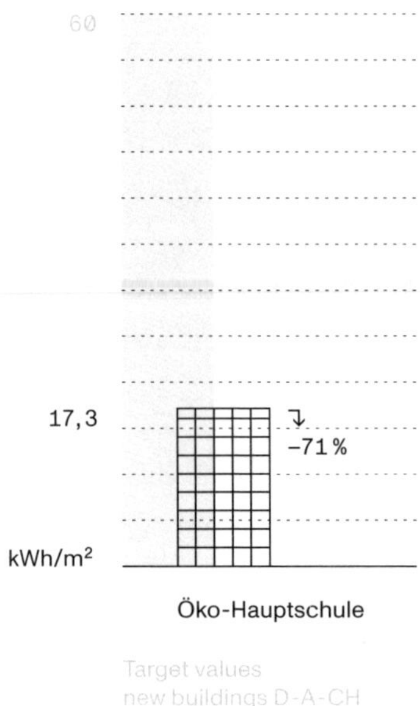

Gesamtenergiebedarf

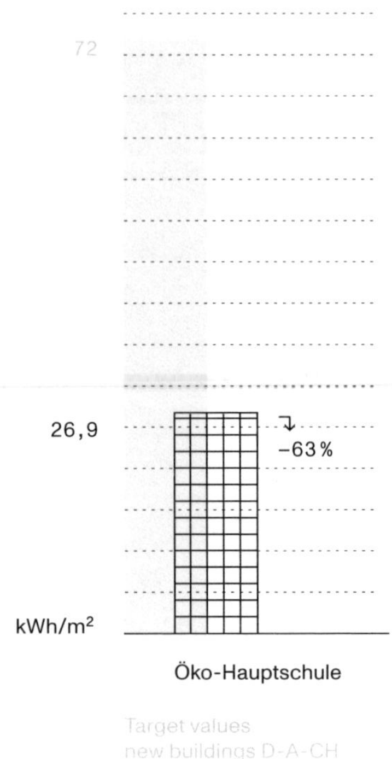

CO_2 Emissionen (Betrieb)

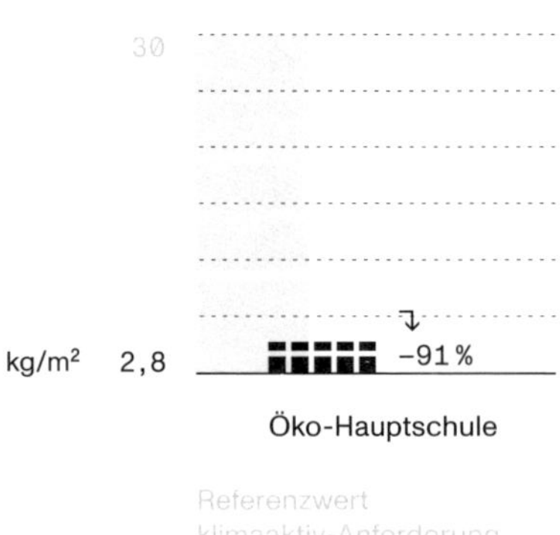

CO_2
Einsparung / Lebenszyklusbetrachtung*

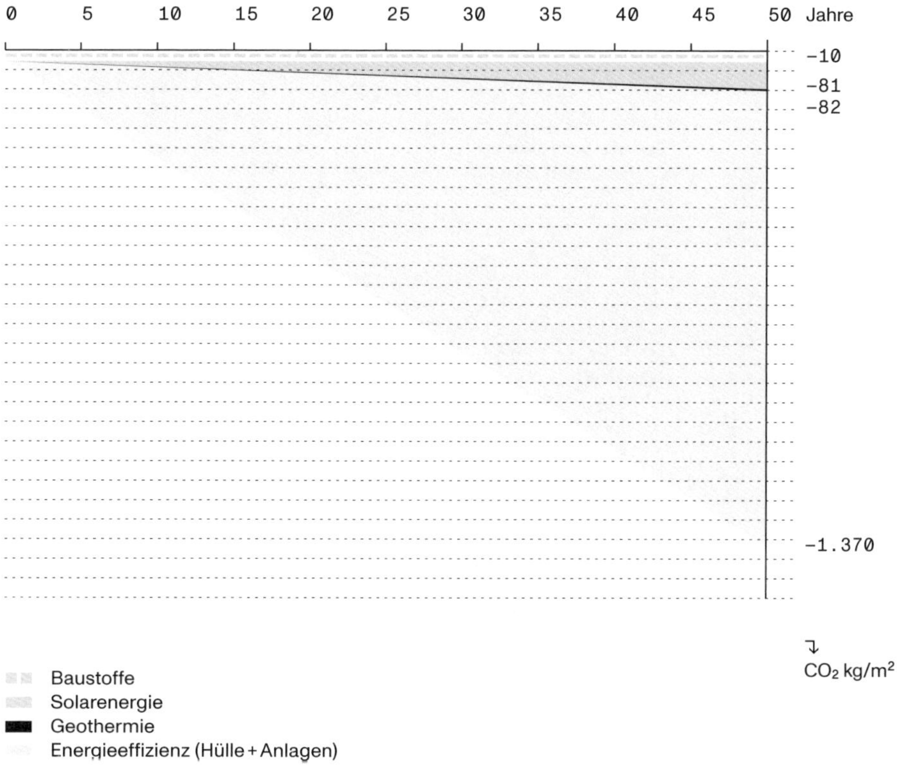

* bezogen auf klimaaktiv-Anforderung

Klimaschutzbeitrag nach 50 Jahren	CO_2 in kg/m²	CO_2 in kg gesamt
Baustoffe*	**-10**	**-68.146**
Solarenergie	**-71**	**-474.675**
Geothermie	**-1**	**-5.779**
Energieeffizienz**	**-1.288**	**-8.601.844**
	-1.370	**-9.150.445**

* gespeichertes CO_2
** Hülle + Anlagen

OeAD-Gästehaus Wien, AT

→ 18

Adresse:	Molkereistraße 1 1020 Wien
Bauherr:	Gemeinnützige Bau- und Siedlungsgesellschaft MIGRA GmbH, Wien AT
Planungsbeginn:	2003
Fertigstellung:	2005
Planung:	Baumschlager Eberle P.ARC ZT GmbH
Projektleitung:	Carlo Baumschlager Peter Raab Eckehart Loidolt
Grundstücksfläche:	1.561 m^2
Bebaute Fläche:	1.306 m^2
Nettofläche (Nutzfläche):	6.338 m^2
Umbauter Raum:	31.481 m^3
Auszeichnung:	Energy Globe Award 2009, Wiener Wohnbau Preis 2009

Das Grundstück des OeAD-Gästehauses der Wiener Universitäten, FHs und PHs, bildet den westseitigen Abschluss des ehemaligen Wiener Molkereigeländes. Das als Passivhaus konzipierte Gebäude bietet 278 modulare Wohneinheiten, die vom Einzelzimmer-Apartment bis zur Vierzimmerwohnung reichen. Parkettböden, weiße Wände und eigens gefertigte Möbel verleihen dem Wohnheim die Atmosphäre eines Hotels, das darüber hinaus Extras wie eine eigene Kochnische und zahlreiche Gemeinschaftsbereiche bietet.

Die gemäß Vorgabe mit maximaler Dichte zu bebauende Parzelle, wird durch geschickt gesetzte Lichtschächte auch im Gangbereich natürlich belichtet. Das Verspringen dieser Belichtungselemente erzeugt eine angenehme Rhythmisierung und helle, platzartige Bereiche vor den Wohnungstüren.

Die Geschosse werden durchgehend über eine Doppelliftgruppe sowie über zwei Stiegenhäuser erschlossen.

Die räumliche Großzügigkeit wird trotz der dichten Geschossbelegung in die Wohneinheiten hineingetragen, die über einen Garderobenbereich, Aufenthaltsraum, daran anschließende Kochnische und ansprechende Möblierung verfügen. Die Bäder flankieren paarweise einen der neun Haustechnikschächte, die für Wartungszwecke vom Gang aus begehbar sind. Im Gegensatz zu den tragenden Stahlbetonschotten sind die Wände in den Wohneinheiten in Leichtbauweise ausgeführt. Die Fassade des luftdicht umhüllten, effizient gedämmten und kompakten Baukörpers, entspricht mit seinen 35 % Fensterfläche und den straßenseitigen Schaufassaden der Typologie der Wiener Gründerzeit. Durch die für das Passivhaus erforderliche Dämmstärke von 26 cm entstehen tiefe Laibungsflächen, die abwechselnd einseitig konisch angeschnitten sind, um den Ausblickswinkel aus den Zimmern zu erhöhen. Jeweils zwei der zahlreichen Fenster werden über ein Rahmenelement aus Metall zu einer an allen Fassaden wiederkehrenden Kleingruppe zusammengefasst und führen die metallischen Schiebeläden, deren Stellung das Erscheinungsbild der Fassaden ständig ändert.

Das Passivhaus minimiert die Energiekosten, ohne auf Komfort zu verzichten. Die Studierenden können eigenständig lüften und heizen. Dank der intelligenten Haustechnik, deren Lüftungsanlage für einen konstanten, temperierten Luftaustausch sorgt, sinkt der Heizbedarf pro Wohneinheit auf etwa 500 Stunden im Jahr.

Schlüsselfaktoren

- **Das zum Zeitpunkt der Eröffnung größte Passivhaus weltweit**
- **Hohe Kompaktheit, hoher Komfort und hohe Zufriedenheit**
- **Die Themen des nachhaltigen Bauens und die Erfahrung, in einem Passivhaus zu wohnen, werden aufgrund der Nutzung durch internationale Studierende in die ganze Welt getragen.**

Qualität der Gebäudehülle

- Sehr hohe Kompaktheit aufgrund der Blockrandbebauung und einer Trakttiefe von 18 m
- Natürliche Belichtung der zentralen Erschließungsgänge
- Die Dämmstärken liegen zwischen 26 und 32 cm und bewirken hohe thermische Behaglichkeit.
- Der Wärmedurchgangskoeffizient (U-Wert) der Außenwand ist um 71 % besser als die baugesetzliche Mindestanforderung.
- Der Wärmedurchgangskoeffizient des Daches ist um 54 % besser als die baugesetzliche Mindestanforderung.

Qualität der Fenster

- Hochwärmegedämmte Holz-Alu-Fenster mit 3-Scheiben-Wärmeschutzverglasung
- Der Wärmedurchgangskoeffizient (U-Wert) der Fenster ist um 55 % besser als die baugesetzliche Mindestanforderung.
- Die Ermöglichung einer kompletten Verschattung durch vorgesetzte Schiebeläden aus Messing bewirkt einen hohen thermischen Komfort in der Kühlperiode.

Energieversorgung

- Fernwärmeversorgung
- Dezentrales Lüftungsgerät pro Wohneinheit
- Raumheizung mit Mini-Radiator dezentral steuerbar (unabhängig von der Lüftung)
- Reduktion von Wärmeverteilverlusten der Warmwasseranlage durch 1-Leiter-Konzept mit Bandbegleitheizung
- Heizung wird bei geöffneten Fenstern automatisch abgeschaltet.
- Brandrauchentlüftung wird auch zur Nachtkühlung im Hochsommer eingesetzt.
- Evaluierungsstudie der Wiener Wohnbauforschung belegt hohe Energieeffizienz, Einsparungen und Zufriedenheit.

Ökologische Baustoffe

- Holzfenster mit Witterungsschutz aus Aluminium
- Eichenparkett für Wohnräume
- Schrägdach mit Holzkonstruktion

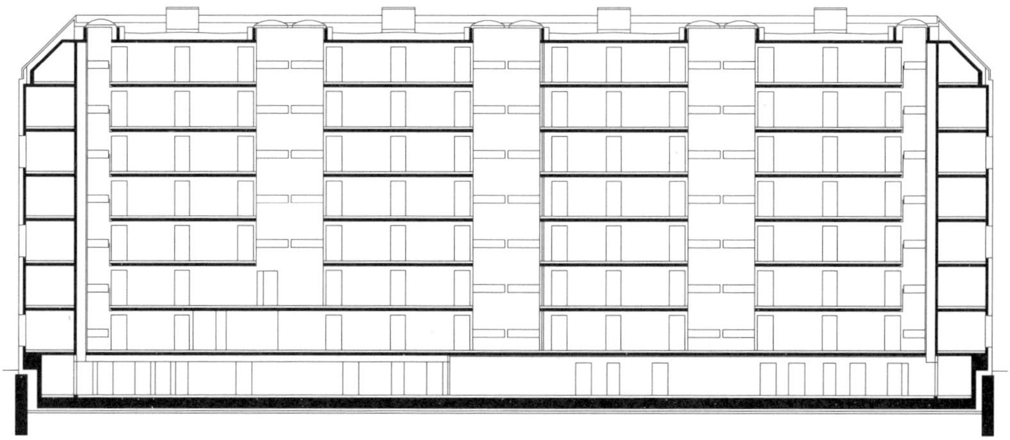

Schnitt

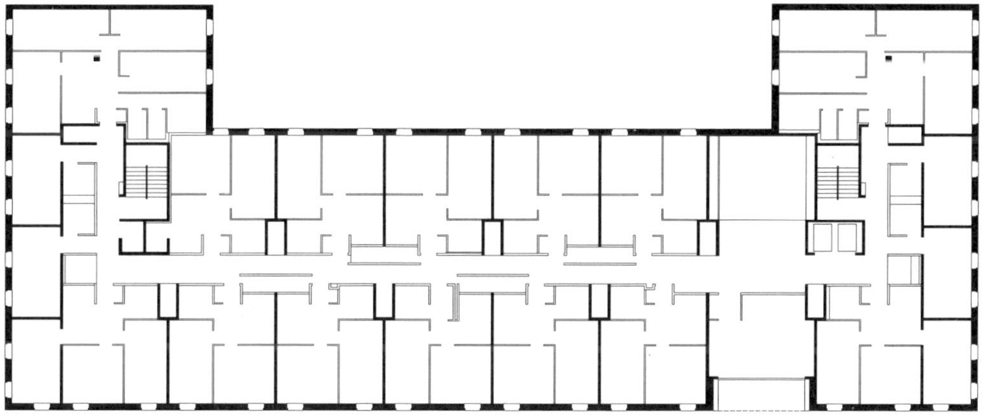

Regelgeschoss

Raumheizung Heizwärmebedarf

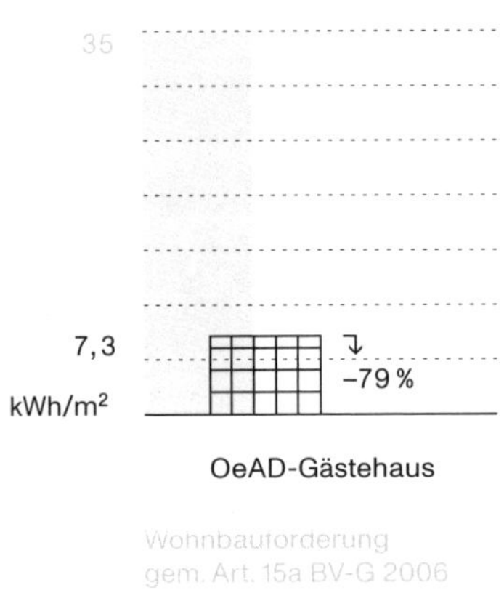

Gesamtenergiebedarf

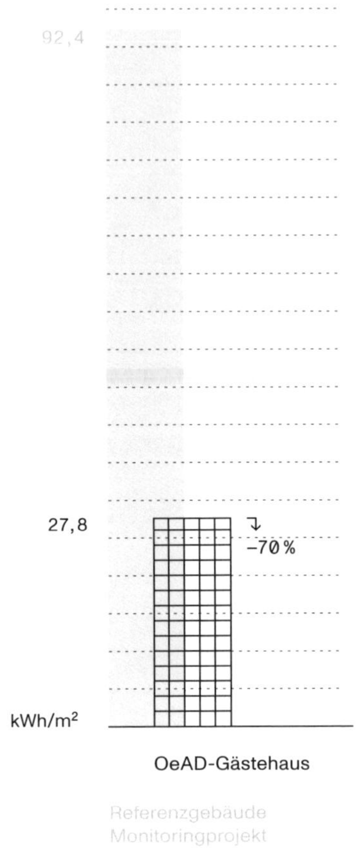

CO_2 Emissionen (Betrieb)

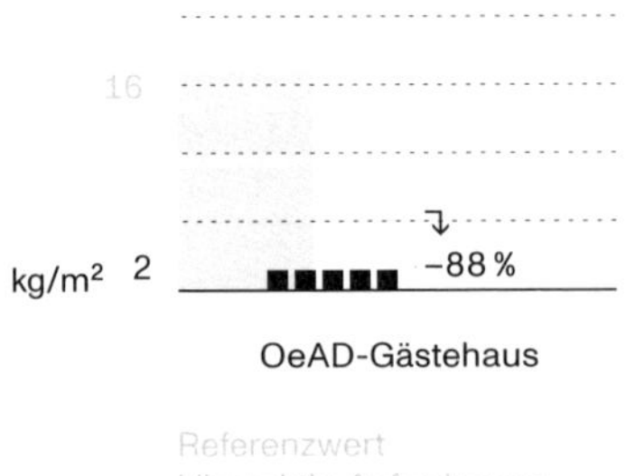

CO_2
Einsparung / Lebenszyklusbetrachtung*

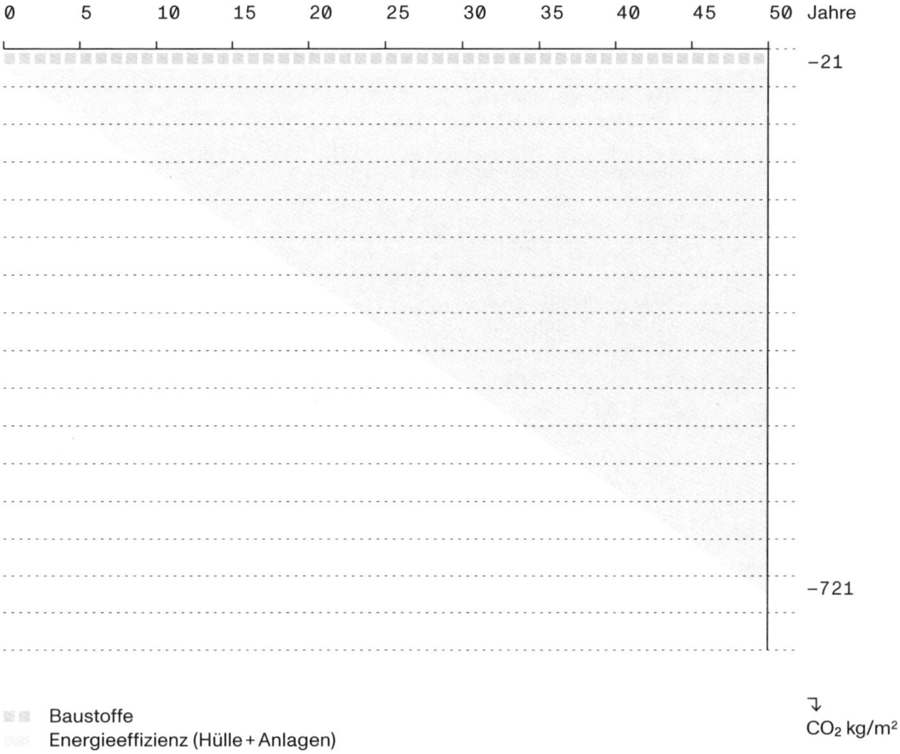

* bezogen auf klimaaktiv-Anforderung

Klimaschutzbeitrag nach 50 Jahren	CO_2 in kg/m²	CO_2 in kg gesamt
Baustoffe*	**−21**	**−222.119**
Energieeffizienz**	**−700**	**−7.365.363**
	−721	**−7.591.659**

* gespeichertes CO_2
** Hülle + Anlagen

Wohnen am Lohbach
Innsbruck, AT

→ 36

Wettbewerb:	1. Preis
Adresse:	Technikerstraße 74–82 6020 Innsbruck
Bauherr:	Innsbrucker Stadtbau GmbH
Planungsbeginn:	1997
Fertigstellung:	2000
Planung:	Baumschlager Eberle
Projektleitung:	Carlo Baumschlager Torsten Guder
Grundstücksfläche:	14.897 m²
Bebaute Fläche:	4.850 m²
Nettofläche (Nutzfläche):	22.150 m²
Umbauter Raum:	112.000 m³
Auszeichnung:	World Architecture Award 2001

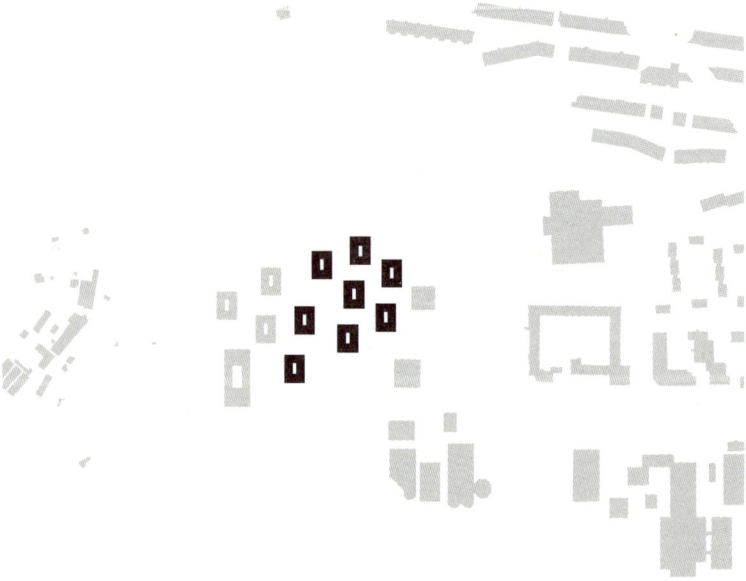

Die Umsetzung des Projekts „Wohnen am Lohbach" geht auf einen städtebaulichen Wettbewerb zurück, den Baumschlager Eberle 1995 für sich entscheiden konnten. Ziel war eine Bebauung, die hohe Dichte, beste Durchlässigkeit und ein effizientes Energiekonzept miteinander verbindet. Aus der Beziehung zwischen Punkthäusern und Außenräumen wurde ein fast spielerisches System entwickelt, das die notwendigen Abstände, Blickverbindungen, Platz- und Wegsituationen miteinander in Einklang bringt. Die würfelförmigen Häuser mit innenliegender Erschließung und vorgelagerten Balkonzonen, die sich durch Sonnenschutzelemente aus Kupfer nach außen abschotten lassen, sind schachbrettartig auf dem Grundstück verteilt. Die umliegenden Außenräume mit kleinen, den Erdgeschosswohnungen zugeordneten Gärten, Aktivitätsbereichen und Orten der Kontemplation, lassen die hohe Dichte der Bebauung vergessen.

Das Bauprojekt wurde in zwei Bauabschnitten umgesetzt, deren Typologien ident sind. Auffallend sind markante Stiegenhäuser als halböffentliche Mitte des Gebäudes und als Teil eines Tragwerks, das sich zwischen Kern und Fassade über einem breitrechteckigen Grundriss aufspannt. Die Wohnungen selbst sind in diese Struktur eingeschrieben. Die zentrale Lage der Stiegenhäuser ermöglicht eine freie Einteilung der umliegenden Wohnungsverbände. Damit bleibt die Option einer späteren Veränderung bewusst erhalten. Die Balkone an der Fassade, der geschützte Eingangsbereich und der Blick über die Vertikale im Treppenhaus machen das einzelne Wohnhaus zu etwas Besonderem und fördern die Wertschätzung der Bewohnerinnen und Bewohner. Aufgrund der rasant gestiegenen Rohstoffpreise wurden die Kupferläden für den zweiten Bauabschnitt nicht übernommen. An ihre Stelle treten Beschattungselemente, die den rot eingefärbten Baukörper akzentuieren. Mit dieser Rücknahme zeigt das Punkthaus im gesamten Lohbach-Areal als Typus seine Flexibilität und die Qualität, Komfort mit optimaler, angepasster Wirtschaftlichkeit zu kombinieren.

Von Sonnenkollektoren über Wärmerückgewinnung bis zur Regenwassernutzung wurden in diesen Wohnhäusern alle ökologischen Möglichkeiten, die sich zum damaligen Zeitpunkt mit einfachen technischen Mitteln umsetzen ließen, angewandt.

Die konsequente Vereinfachung und Typisierung der kostenrelevanten Bauteile ermöglichten die Verwendung hochwertiger Materialien und einen im sozialen Wohnungsbau ungewöhnlich hohen Ausbaustandard.

Ein geschlossener Baukörper mit innenliegender zentraler Erschließung reduziert die meist kostenintensiven Verkehrsflächen bei gleichzeitiger Optimierung des Hüll- und Nutzflächenverhältnisses auf ein Minimum.

Schlüsselfaktoren

- **Pionieranlage des nachhaltigen Geschosswohnbaus. Zum Zeitpunkt der Fertigstellung die größte Niedrigenergiehaus-Wohnanlage Österreichs.**
- **World Architecture Award 2001 für das weltweit beste Wohngebäude**
- **Hochenergieeffiziente Gebäudehülle und hoher solarer Deckungsgrad der Wärmeversorgung**

Qualität der Gebäudehülle

- Die Dämmstärke beträgt zwischen 25 und 30 cm.
- Hohe thermische Behaglichkeit der Raumoberflächen

Qualität der Fenster

- 3-Scheiben-Verglasung der Fenster bewirkt geringe Wärmeverluste.
- Konstruktive Verschattung durch rund umlaufende Balkone
- Vorgesetzte Kupferfaltläden und Brüstungen aus satiniertem Glas gewährleisten Sonnen-, Wetter- und Sichtschutz.
- Die Verschattungsmaßnahmen bewirken einen hohen thermischen Komfort in der Sommerperiode.

Energieversorgung

- Solarunterstützte Warmwasserbereitung
- Kompaktlüftungsgeräte mit Mini-Wärmepumpe
- Großvolumige Solarspeicher (550 m^3)
- Vorwärmung der Zuluft durch Solarspeicher
- Gastherme zur Überbrückung von Tagen mit geringem Solareintrag

Ökologische Baustoffe

- Natursteinböden in der Stiegenhauszone

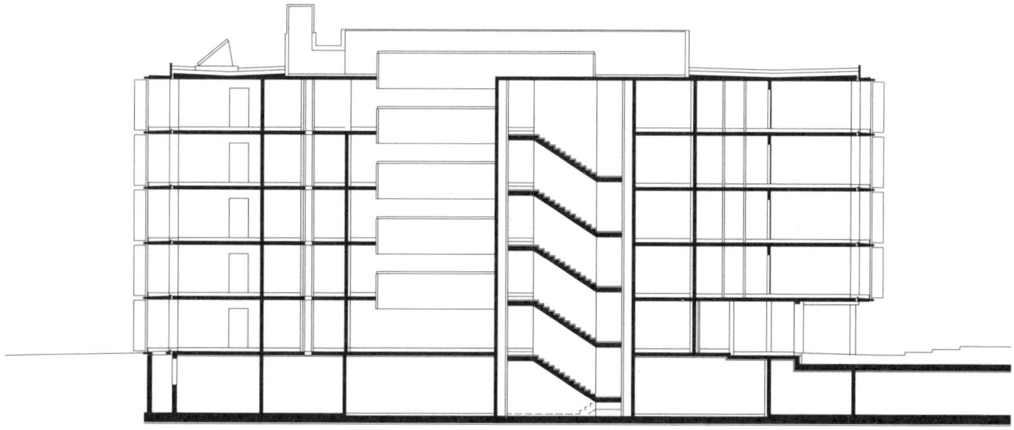

Schnitt

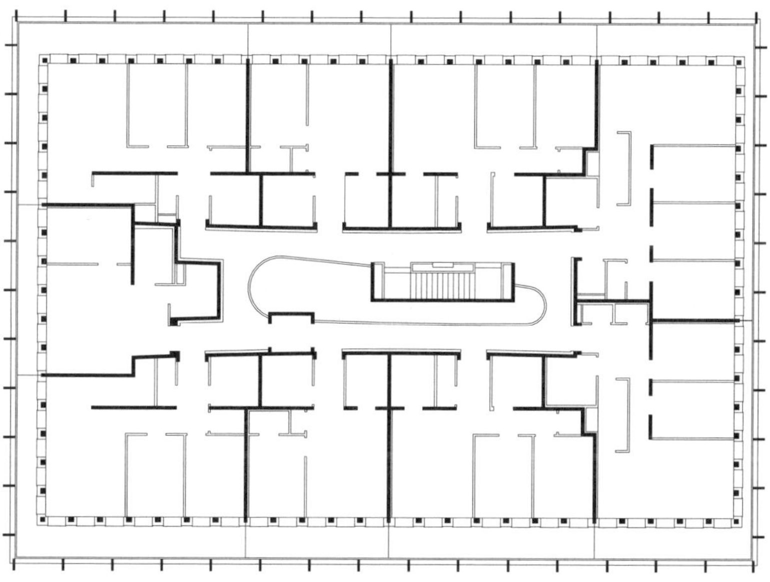

Regelgeschoss

Raumheizung Heizwärmebedarf

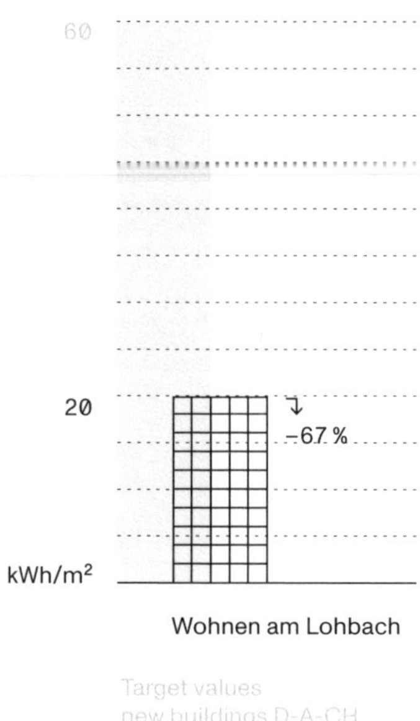

Gesamtenergie-bedarf

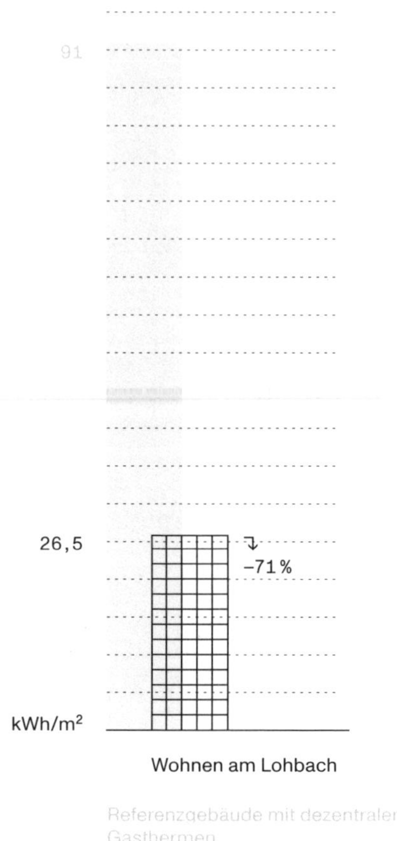

CO_2 Emissionen (Betrieb)

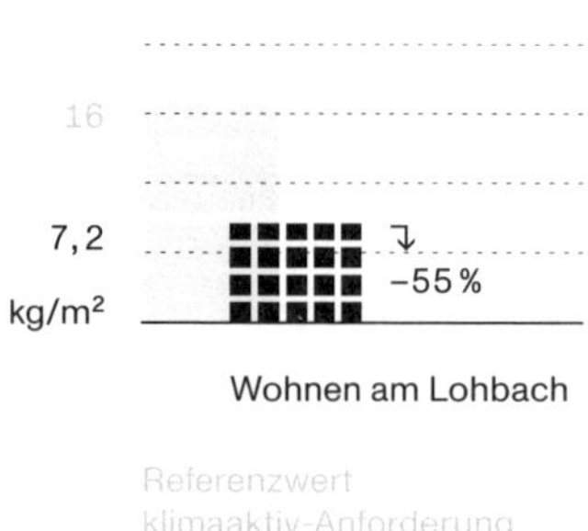

CO_2 Einsparung / Lebenszyklusbetrachtung*

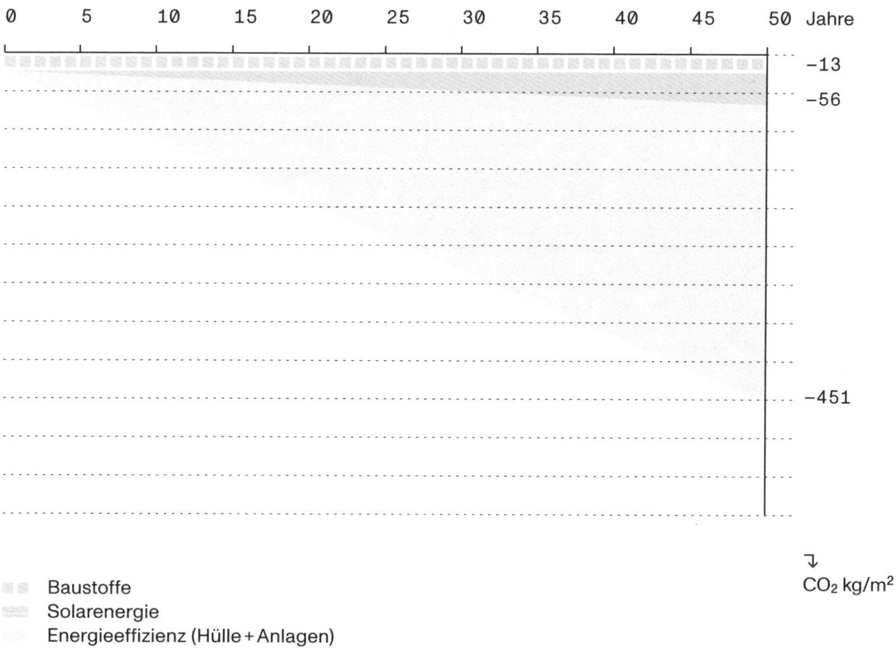

* bezogen auf klimaaktiv-Anforderung

Klimaschutzbeitrag nach 50 Jahren	CO_2 in kg/m²	CO_2 in kg gesamt
Baustoffe*	**-13**	**-321.100**
Solarenergie	**-43**	**-1.062.100**
Energieeffizienz**	**-395**	**-9.750.720**
	-451	**-11.133.920**

* gespeichertes CO_2
** Hülle + Anlagen

Hinweis: Sämtliche Berechnungen basieren auf der „Post-occupancy"-Evaluation von Lohbach I.

Seestadt Aspern
Wien, AT

→ 44

Wettbewerb:	1. Preis
Adresse:	Gisela-Legath-Gasse 4, 6, 8, 10 1220 Wien
Bauherr:	ARWAG Wohnen im schönsten Wien Ges.m.b.H. Gemeinnützige Bau- und Siedlungsgesellschaft MIGRA GmbH
Planungsbeginn:	2012
Fertigstellung:	2015
Planung:	Arge SMAC Smart Architectural Concepts KG und Baumschlager Hutter Partners
Projektleitung:	Miriam Seiler
Grundstücksfläche:	5.129 m²
Bebaute Fläche:	2.594 m²
Nettofläche (Nutzfläche):	9.022 m²
Umbauter Raum:	27.247 m³
Auszeichnung:	ÖGNB – Nachhaltigkeitspreis 2014

Die Bauplätze für den 2014 ausgeschriebenen Wettbewerb auf dem Areal des damals größten Stadtentwicklungsprojekts in Europa liegen an der Gisela-Legath-Gasse am südlichen Rand der ersten Bebauungsetappe. Nur wenige Gehminuten entfernt befindet sich der historische Kern Asperns mit den typischen Merkmalen der einstigen Wiener Vorstadt.

Die Auslobung orientierte sich neben dem 4-Säulen-Modell des *wohnfonds_wien* (Ökonomie, Soziale Nachhaltigkeit, Architektur und Ökologie) an den Themenschwerpunkten Leistbarkeit, soziale Nachhaltigkeit, funktionale Durchmischung und urbane Identität. Das Konzept von Baumschlager Hutter Partners sieht die Errichtung von vier Punkthäusern vor, die neben geförderten Wohnungen für sozial Bedürftige auch Wohnungen mit integrierten Arbeitsräumen oder solchen in unmittelbarer Nähe bietet. Darüber hinaus gibt die in Kooperation mit *neunerHAUS* entwickelte Initiative „Housing First" Obdachlosen die Möglichkeit, in eine reguläre und leistbare Wohnung zurückzukehren. Die Gleichstellung mit anderen Mietern und Mieterinnen, Bewohnern und Bewohnerinnen im Haus soll dazu beitragen, den Neustart erheblich zu erleichtern.

Die Wohnungen sind kompakt organisiert, die Verkehrsfläche wurde auf ein Minimum reduziert. Das gewählte statische System erlaubt ein hohes Maß an Flexibilität in Bezug auf den Wohnungsmix. Jede Wohnung verfügt über einen Abstellraum, eine große Garderobe im Vorraum und einen individuellen Balkon.

Neben dem zur Hälfte im Erdreich sitzenden Kellergeschoss verfügt jedes Gebäude über ein leicht über das Straßenniveau angehobenes Erdgeschoss und drei Obergeschosse.

Die thermische Hülle besteht aus einer tragenden Stahlbetonwand mit Wärmedämmverbundsystem. Das Spiel von strukturierten und glatten Putzoberflächen sorgt für Tiefenwirkung an den Fassaden. Die vorgestellten, nach Süden orientierten Balkone sind mit Holzlamellen eingehaust und machen diese damit zum erweiterten Wohnraum im Freien.

Die Bebauungsstruktur sorgt für ein fließendes Spiel zwischen privaten, halböffentlichen und öffentlichen Bereichen und bietet reichlich Raum für Begegnung, Rückzug, Spiel, Sport, Arbeit und urbanes Leben. Die Gestaltung der Spiel- und Gemeinschaftsflächen kann von künftigen Bewohnern und Bewohnerinnen mitbestimmt werden.
Im Außenraum werden fast ausschließlich unversiegelte und wasseraufnahmefähige Böden eingesetzt. Große, zusammenhängende Vegetationsflächen sorgen für eine organische Verschränkung des Quartiers mit den angrenzenden Grünräumen.

Schlüsselfaktoren

- **Das Gebäude ist Teil des nachhaltigen Stadtquartiers Seestadt Aspern.**
- **Die Nachhaltigkeitsziele sind auch bei einem geförderten Wohnbau realisierbar.**

Qualität der Gebäudehülle und Fenster

- Das Gebäude erfüllt die Kategorie Niedrigenergiehaus.
- Der vorgeschriebene Heizwärmebedarf wird um etwa die Hälfte unterschritten.
- Gute Tageslichtqualität

Energieversorgung

- Fernwärme mit günstigen Ökofaktoren

Ökologische Baustoffe

- Verwendung von Produkten mit Umweltzeichen
- PVC- und HFKW-Vermeidung
- Emissionsarme Bau- und Werkstoffe

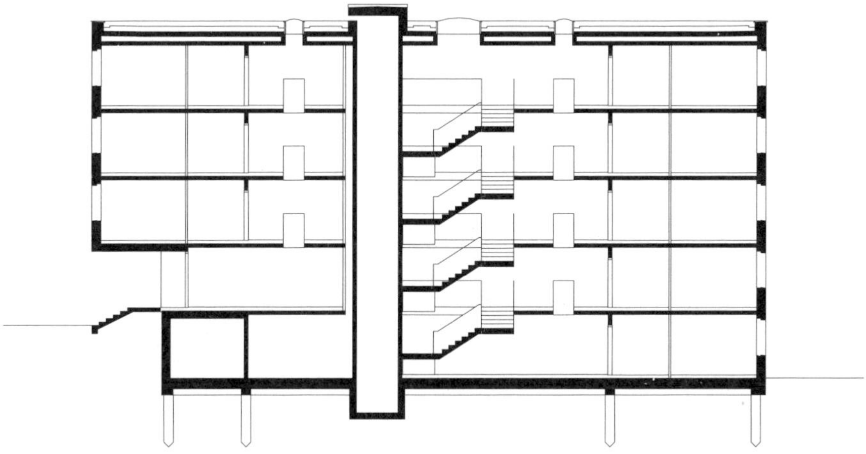

Schnitt

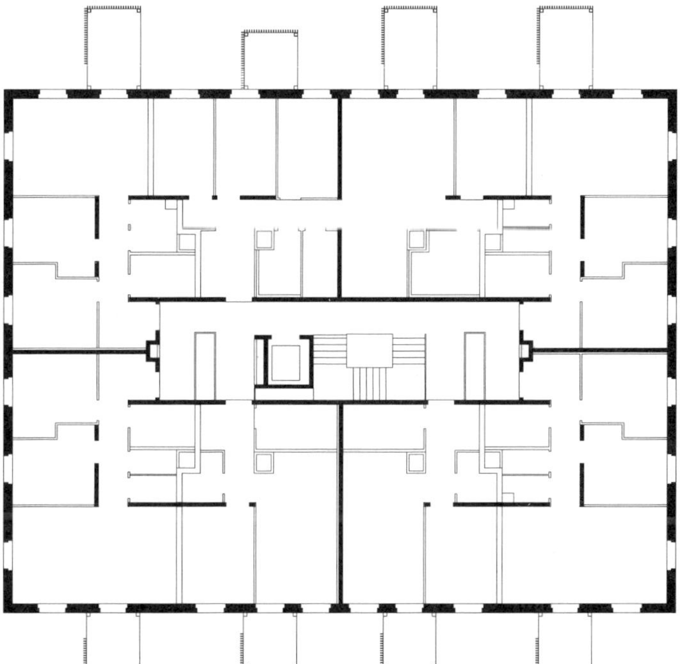

Regelgeschoss

Raumheizung Heizwärmebedarf

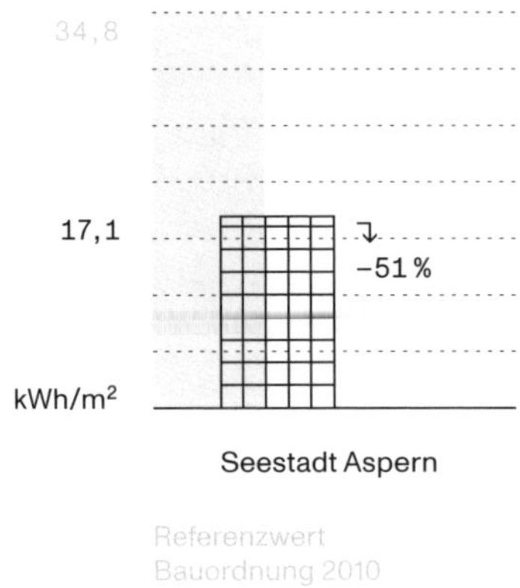

Gesamtenergie-bedarf

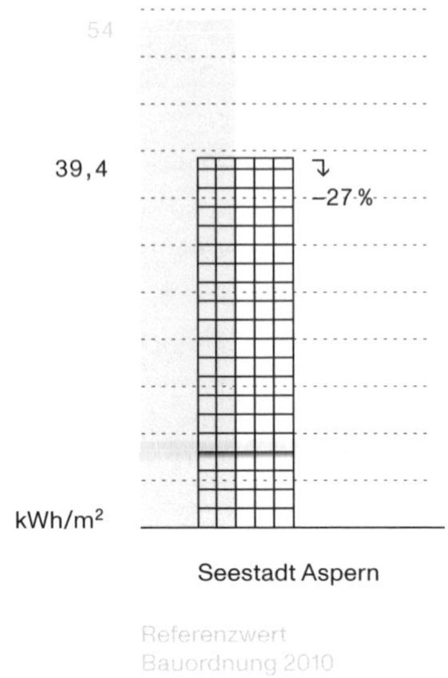

CO_2 Emissionen (Betrieb)

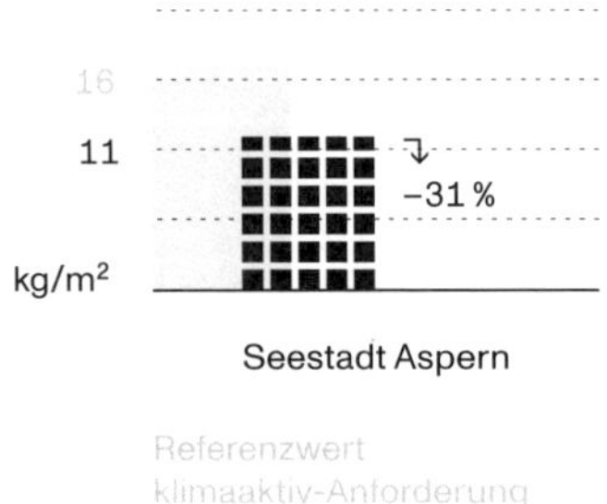

CO_2
Einsparung / Lebenszyklusbetrachtung*

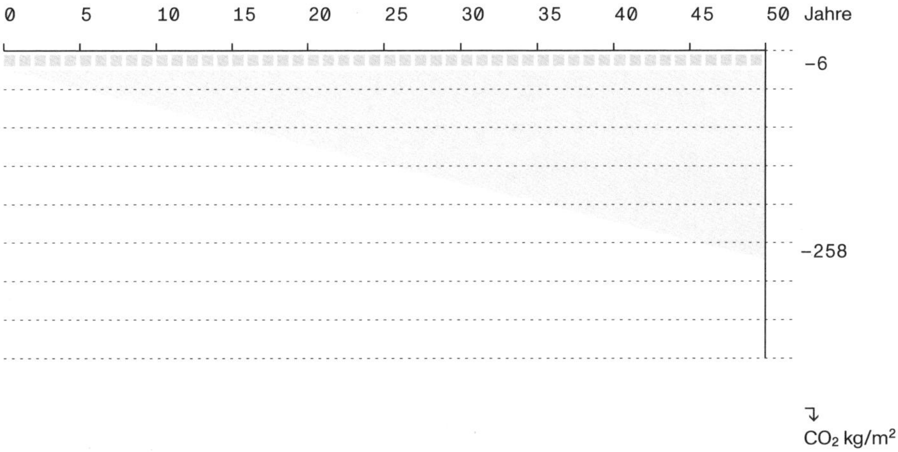

Baustoffe
Energieeffizienz (Hülle + Anlagen)

* bezogen auf klimaaktiv-Anforderung

Klimaschutzbeitrag nach 50 Jahren	CO_2 in kg/m²	CO_2 in kg gesamt
Baustoffe*	**-6**	**-64.752**
Energieeffizienz**	**-252**	**-2.714.188**
	-258	**-2.778.940**

* gespeichertes CO_2
** Hülle + Anlagen

Wohnquartier am Neckarbogen Heilbronn, DE

→ 50

Wettbewerb:	1. Preis
Adresse:	Theodor-Fischer-Straße 16 74076 Heilbronn
Bauherr:	Kruck + Partner Wohnbau und Projektentwicklung GmbH & Co. KG
Planungsbeginn:	2015
Fertigstellung:	2018
Planung:	Baumschlager Hutter Partners
Projektleitung:	Katharina Schiechl
Grundstücksfläche:	756 m^2
Bebaute Fläche:	450 m^2
Nettofläche (Nutzfläche):	1.450 m^2
Umbauter Raum:	9.500 m^3

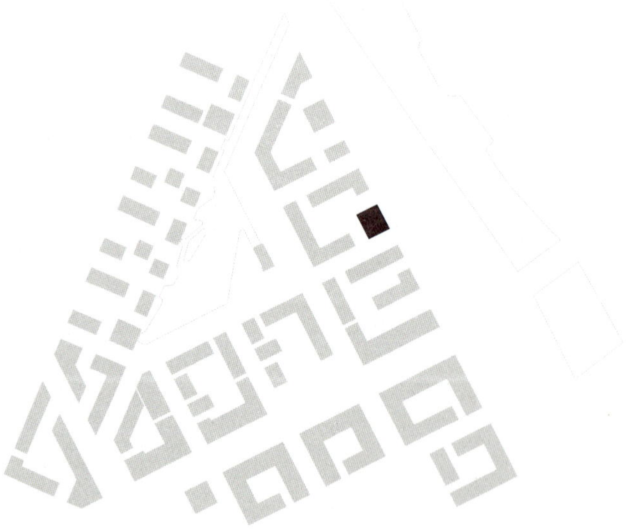

Das Areal des Stadtquartiers Neckarbogen im Herzen Heilbronns diente bis vor Kurzem auf einer Fläche von 25 ha der Bundesgartenschau und wird nunmehr Schritt für Schritt zu einem städtischen Quartier für 3.500 Einwohnerinnen und Einwohner und 1.000 Arbeitsplätzen entwickelt. Baumschlager Hutter Partners konnten 2015 einen Wettbewerb zur Errichtung eines Wohnhauses für sich entscheiden, das am Übergang zwischen der städtischen Blockstruktur und dem öffentlichen Park am Altneckar liegt. Das Projekt zeichnet sich durch einen kompakten Baukörper aus, der über dem massiven Sockel mit vier Geschossen um die Breite des umlaufenden Balkons zurückspringt und mit vertikalen Fassadenlamellen eingefasst ist, die als Rankgerüst für individuelle Fassadenbegrünung dienen. Neben den überstehenden Balkonflächen sorgt diese Fassadenstruktur für zusätzlichen konstruktiven Sonnenschutz und dient gleichzeitig als Blickfilter zum öffentlichen Raum.

Die unterschiedlich großen Wohnungen verfügen über großzügige Wohnbereiche, Wohnküchen und unmittelbar daran anschließende Freiflächen in Form von Balkonen oder Terrassen. Die Bauweise ermöglicht innerhalb des Wohnungsverbands vielfältige Grundrissvarianten. Alle Wohnungen sind barrierefrei über ein zentrales Treppenhaus erschlossen, in dem große Oberlichter für gute Belichtung sorgen und den Eingängen durch die Zugangsbuchten eine individuelle Note geben.

Wärme wird mit einem zentralen Blockheizkraftwerk erzeugt und über die gemeinsame Tiefgarage in der gesamten Anlage verteilt. Dort befinden sich auch die notwendigen Kfz-Stellplätze und ein automatisches Fahrradregalsystem. Kinderwagen und Fahrradanhänger können im Abstellraum des Hauses eingestellt werden. Der Qualität der öffentlichen Außenräume und dem Anschluss an das öffentliche Verkehrsnetz wird höchste Bedeutung beigemessen und unterstützt den sanften Umstieg zu alternativen Modellen der öffentlichen Nahversorgung und nachhaltigen Mobilität.

Schlüsselfaktoren

- **Das Gebäude ist Teil des nachhaltigen Stadtquartiers Neckarbogen.**
- **Zero-Carbon-Gebäude: Blockheizkraftwerk versorgt den gesamten Block und spart damit mehr CO_2-Emissionen ein, als durch den Betrieb des Gebäudes entstehen.**

Qualität der Gebäudehülle und Fenster

- Außenwand, Fenster und Flachdach sind hochwärmedämmend.
- Rundumlaufende Balkonstruktur und Vertikallamellen fungieren als konstruktiver Sonnenschutz.

Energieversorgung

- Biogasbetriebenes Blockheizkraftwerk liefert 54 MWh Strom pro Jahr.
- Fußbodenheizung
- Gemeinsame Tiefgarage wird als kosten- und energieeffizientes (verlustarmes) Nahwärmenetz genutzt.
- Mieterstrom und Wärmecontracting mit integrierter lokaler Strom- und Wärmeerzeugung
- Photovoltaikanlage: 20 kWp, 122 m^2 Kollektorfläche

Ökologische Baustoffe und weitere Nachhaltigkeitsaspekte

- Fassadenverkleidung aus Holz
- Skalierbare Ladeinfrastruktur mit intelligentem Energie- und Lastmanagement
- Smart Grid für Wohnen und E-Mobilität auf Quartiersebene

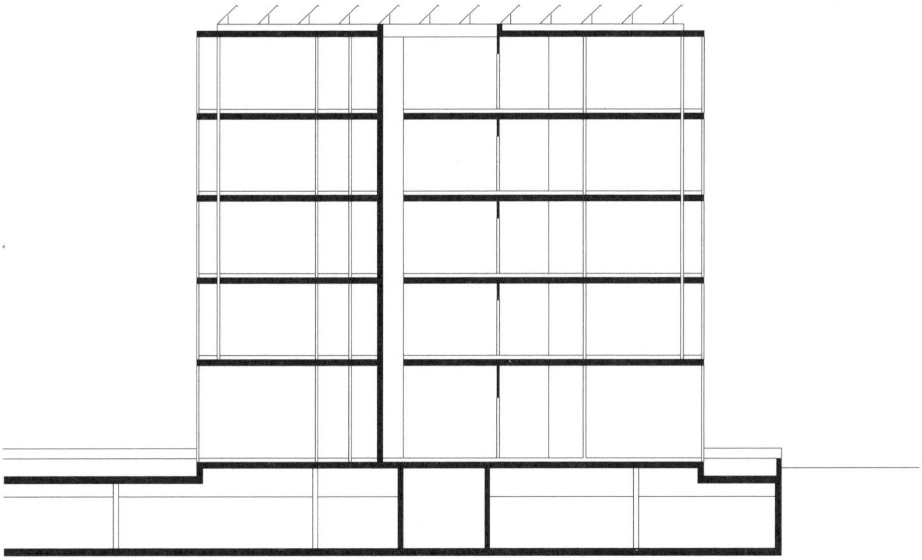

Schnitt

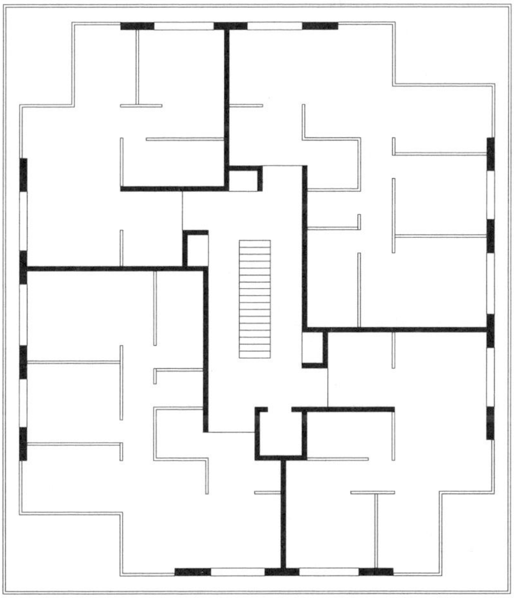

Regelgeschoss

Raumheizung Transmissionsverluste

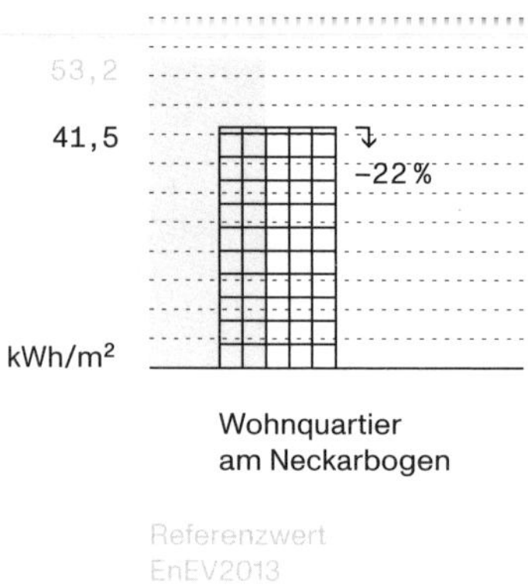

Gesamtenergie-bedarf

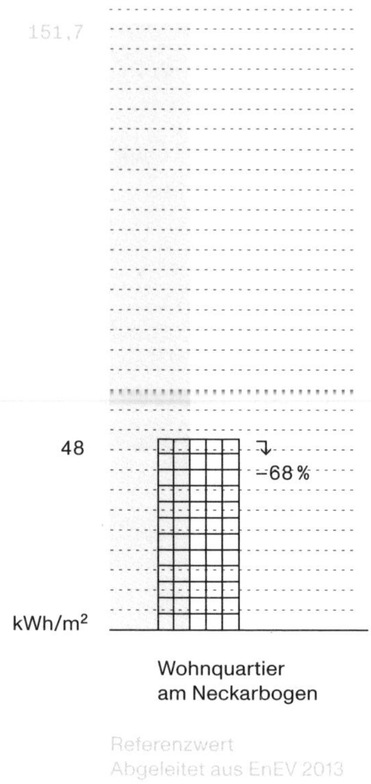

CO_2 Emissionen (Betrieb)

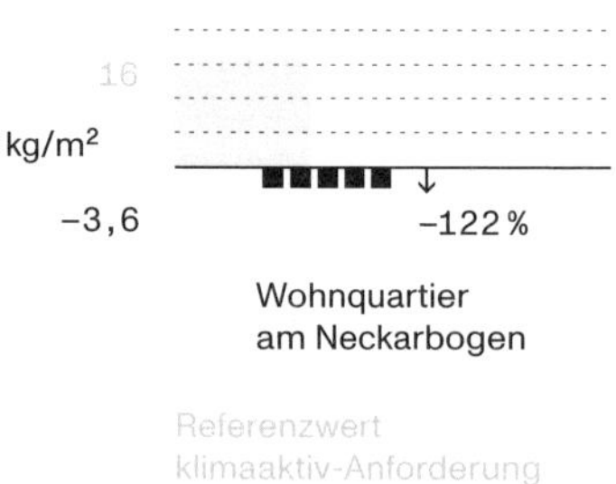

CO_2
Einsparung / Lebenszyklusbetrachtung*

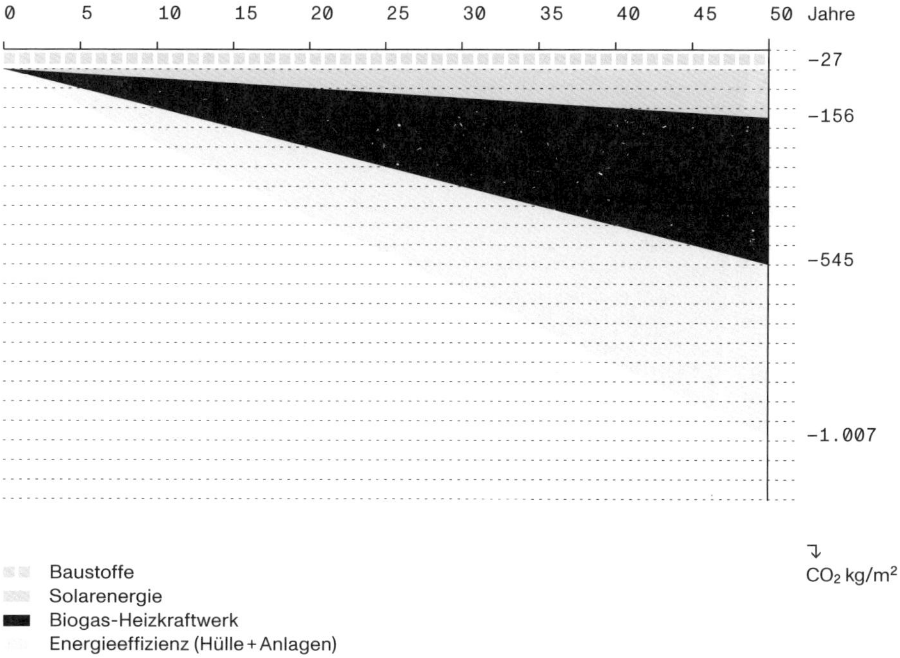

* bezogen auf klimaaktiv-Anforderung

Klimaschutzbeitrag nach 50 Jahren	CO_2 in kg/m²	CO_2 in kg gesamt
Baustoffe*	**–27**	**–51.710**
Solarenergie	**–129**	**–246.619**
Biogas-Heizkraftwerk	**–389**	**–745.200**
Energieeffizienz**	**–462**	**–884.178**
	–1.007	**–1.927.708**

* gespeichertes CO_2
** Hülle + Anlagen

Schule am See
Hard, AT

→ 60

Wettbewerb:	1. Preis
Adresse:	Seestraße 58 6971 Hard
Bauherr:	Marktgemeinde Hard
Planungsbeginn:	2015
Fertigstellung:	2018
Planung:	Baumschlager Hutter Partners
Projektleitung:	Olilver Baldauf Ralf Bernhardt Bernd Haslinger
Grundstücksfläche:	38.760 m²
Bebaute Fläche:	8.496 m²
Nettofläche (Nutzfläche):	8.546 m² (inkl. Sporthalle)
Umbauter Raum:	64.544 m³
Auszeichnung:	Nominierung Staatspreis Architektur und Nachhaltigkeit 2019, klimaaktiv Gold

Für die Schule am See war ein Gebäude zu planen, das als Ganztagsschule mit einer Clusterstruktur auf Basis eines innovativen pädagogischen Konzepts funktionieren sollte, das im Rahmen des Wettbewerbs zwar in seinen Grundzügen umrissen, im Zuge des weiteren Planungsverlaufs aber gemeinsam mit der Direktion und den verantwortlichen Pädagoginnen und Pädagogen in einen detaillierten Raumplan übersetzt wurde. Die Volks- und Mittelschule bietet Raum für insgesamt 660 Schülerinnen und Schüler und wurde im September 2018 bezogen. Als wichtiges Instrument des partizipativen Planungsprozesses haben Baumschlager Hutter Partners einen Fragenkatalog ausgearbeitet, der in mehreren gemeinsamen Workshops dazu beigetragen hat, das Nutzungskonzept detailliert zu definieren. Darüber hinaus hat das zu diesem Zweck eingerichtete Expertinnen- und Expertenteam aus Lehrerinnen und Lehrern, Vertreterinnen und Vertretern der Gemeinde und des Architekturbüros im Verlauf des Planungsprozesses mehrere Schulen mit ähnlichen pädagogischen Ausrichtungen besucht, um dabei hauptsächlich die Praxistauglichkeit der entwickelten Ideen zu überprüfen.

Als Schulstandort wurde von der Marktgemeinde Hard der Bereich der neuen Sport- und Freizeitanlagen am See ausgewiesen. Die erstklassige Lage der Schule, ihre Nähe zum See und der unverbaute Blick zum Seeufer, führen zu einer Gebäudestruktur, die sich Richtung Wasser öffnet und den Raum zwischen See und bestehender Sporthalle definiert.

Als Clusterschulen sind die Volks- und Mittelschule so organisiert, dass ein hohes Maß an Flexibilität die Anordnung der Strukturteile bestimmt. Die Geschosse sind Plattformen für unterschiedliche Arbeitsanordnungen, die alle mit dem Außenraum eng verknüpft sind. Die Höfe und die Eingangsbereiche können vielfältig an das Umfeld andocken, die innere Erschließung ist mehr Dorf als Straße, der Cluster gibt Raum für frei organisierbare Zusammenarbeit und die Klassen selbst können ein Ort der Ruhe sein. Hohe Transparenz zwischen Außen- und Innenraum sowie die innere Transparenz im Cluster sind markante Merkmale der baulichen Umsetzung. Die Blickbeziehung zur Landschaft und dem See, sorgt für eine angenehme Lernsituation mit viel natürlichem Licht im Gebäudeinneren. Der Cluster bildet einen großen Raum, dessen Klassen lediglich durch Glastrennwände und Möbel von der gemeinsamen Lernlandschaft getrennt sind.

Ziel des pädagogischen Konzepts ist die Stärkung der individuellen Fähigkeiten und der Eigenverantwortung aller Kinder von 6 bis 14 Jahren. Das Lernen erfolgt in mehrstufig geführten Klassen im Teamteaching und im Wechsel von individuellen und kooperativen Lernformen mit sehr vielfältigen und ansprechenden Lern- und Entwicklungsmaterialien. Über allem steht die wertschätzende Haltung gegenüber allen Kindern, Eltern, Kolleginnen und Kollegen. Die selbstverständlich gelebte Inklusion bereichert die gemeinsame Lernerfahrung.

Als Hintergrund für den bunten Schulalltag wurden die Materialien und Oberflächen auf ein Minimum reduziert. Die Wand- und Deckenoberflächen sind weiß und unterstützen die freundliche Helligkeit des Gebäudes im Inneren. Baubuche ist das Material für den Bodenbelag und die Fassadenprofile. Trennwände aus Glas vermitteln Transparenz und Offenheit. Die Kinder sind es, die Farbe ins Schulgebäude bringen.

Eigenverantwortliches Handeln bei der Gebäudebenutzung ist die Grundlage der haustechnischen Anlage. Das Gebäude ist mit einer kontrollierten Grundlüftung ausgestattet, zusätzlich besteht jederzeit die Möglichkeit, Lüftungsklappen oder Türen zu öffnen. Das Bauwerk ist ohne technische Kühlung ausgeführt. Die Verschattung erfolgt durch schräg stehende Sonnenschutzmarkisen, die eine Überhitzung des Innenraumes verhindern. Lüftungsklappen in der Fassade werden in den Sommernächten automatisch geöffnet, dadurch entsteht eine Querlüftung, die zur nächtlichen Abkühlung des Gebäudes beiträgt. Die Wärmeversorgung erfolgt über das Fernwärmenetz der Gemeinde Hard. Zur eigenen Stromproduktion wurde auf dem Dach eine Photovoltaikanlage errichtet.

In der Planung wurde eine Tageslichtsimulation für einzelne Bereiche durchgeführt, mit dem Ziel, möglichst wenig künstliches Licht zu benötigen. Die künstliche Belichtung erfolgt über deckenbündige Linienleuchten, deren Helligkeit sich dem natürlichen Lichteinfall anpasst und damit das einfallende Tageslicht stufenlos ergänzt.

Um die weitreichenden Aspekte der kooperativen Projektentwicklung, des pädagogischen Konzepts, der räumlichen Umsetzung und der gelebten Schulpraxis aus Sicht der Nutzerinnen und Nutzer zu erfahren, hat Wolfgang Fiel mit dem Direktor der Schule am See, Christian Grabher, das folgende Interview geführt.

WF Ich möchte mit der Frage starten, was ursprünglich zur Entscheidung geführt hat, den alten Schulstandort aufzugeben und ein neues Projekt anzugehen.

CG Es war für uns und die Gemeinde klar, dass die Hauptschule renoviert werden muss und es zusätzlicher Räume bedarf. Wir haben lange überlegt, das am Standort selbst zu realisieren und knapp zwei Jahre lang Pläne geprüft, das alte Haus aufzuwerten. Vom Platz her wäre sich das aber kaum ausgegangen. Eine andere Überlegung war, alles zu schleifen, dann hätte man allerdings den historischen Volksschulbau aus dem Jahr 1900 verloren, ein zentraler Bestandteil des Dorfzentrums.

Daher kam die Idee auf, gemeinsam mit der Volksschule weiterzuarbeiten, mit der wir schon damals räumlich verbunden waren. Diese Verbindung wollten wir erhalten und ausbauen, und dafür mussten wir an einen neuen Standort ausweichen, was naturgemäß für einige Diskussionen gesorgt hat. Letztendlich hat bei allen Bedenken das Argument überwogen, durch den Umzug ins Sportzentrum die dort vorhandene Infrastruktur optimal nutzen zu können.

WF Das heißt, die Standortdiskussion war relativ rasch abgeschlossen?

CG Es hat bei der Abstimmung zum Standort zwei Gegenstimmen gegeben, aber beim Schulbau selbst war man sich im Gemeinderat einig.

WF Was war der nächste Schritt bei der Vorbereitung dieses Baus?

CG Nur Quadratmeter bauen, ist zu wenig: Mir war es wichtig, dass wir unser pädagogisches Konzept einfließen lassen und aufbauend darauf das Raumkonzept erstellen dürfen. Wir wollten jeweils drei Klassen miteinander zu einem Cluster vernetzen, um damit jahrgangsgemischt zusammenzuarbeiten. Zudem sollte jede Klasse über einen Zugang ins Freie verfügen und transparent und offen nach außen hin sein. In einem offenen Wettbewerb 2013 haben 40 Architekturbüros entsprechende Modelle und Pläne eingereicht. Karin Dorner, die Direktorin der Volksschule, und ich waren beratend dabei, neben dem Bürgermeister waren von jeder politischen Fraktion eine Person sowie die Fachexperten unter dem Juryvorsitz von Roland Gnaiger in den Prozess der Auslobung eingebunden, aus dem einstimmig das Büro Baumschlager Hutter Partners zum Sieger gekürt wurde. Vor dem Start der eigentlichen Bauarbeiten war die Zusammenarbeit der Schulleitung und des Lehrpersonals mit den Architekten sehr intensiv und hat über einen Zeitraum von eineinhalb Jahren zur detaillierten Ausarbeitung des räumlichen Konzepts geführt.

WF War von vornherein klar, dass nach dem Wettbewerb noch viel Arbeit ansteht oder hat sich die gemeinsame Projektentwicklung mehr oder weniger organisch ergeben?

CG Das hat sich so ergeben und war auch der Wunsch vom Architekturbüro. In der Prozessentwicklung haben wir besonders stark auf die Nutzerperspektive geachtet: Wie geht es einem Schüler oder einer Lehrerin, die morgens in die Schule kommt? So sind wir Raum für Raum Materialisierung und Nutzung durchgegangen und waren auch in der Bauphase ständig involviert, sowohl in der unmittelbaren Kommunikation als auch in den vielen Planungssitzungen.

WF Wie gut war die Zusammenarbeit mit dem Architekturbüro?

CG Die drei Architekten, die mit uns gearbeitet haben, haben diese Art der Zusammenarbeit als äußerst positiv empfunden: Sie hatten vorher noch nie ein Projekt in der Größenordnung, wo sowohl Nutzer als auch Bauherr so intensiv in die Planung eingebunden waren und so viel Zeit investiert haben. Unser großes Glück war aber auch, dass das prämierte Büro in unmittelbarer Nähe zum Bauplatz liegt – was die Abstimmung wesentlich vereinfacht hat.

WF War euch am Anfang bewusst, dass das Projekt auch für euch mit diesem Aufwand verbunden und so zeitintensiv sein wird?

CG Nicht in dem Ausmaß. Wir haben uns aber dadurch eher wertgeschätzt gefühlt, weil wir die Nutzerperspektive einbringen konnten. Wenn ich jetzt in meinem Büro sitze, genieße ich die großen Fenster in die Natur – ich fühle mich dadurch richtiggehend verwöhnt (lacht).

WF Jetzt wird das Gebäude schon seit ein paar Jahren genutzt – gibt es schon Änderungswünsche?

Und inwiefern lässt das Gebäude diese auch zu?

CG Kleine Änderungen der Raumnutzung haben wir natürlich vorgenommen: Ein Ruheraum für Lehrpersonen zum Beispiel wird jetzt für den Musikunterricht genutzt. Ich bin aber fast zu hundert Prozent zufrieden. Ausgesprochen zufrieden sind wir mit der Akustik, die uns ein großes Anliegen war, da das alte Haus sehr hallig war und der Glasanteil bei den Trennwänden der Cluster relativ hoch ist. Bedingt durch die großen Absorptionsflächen an der Decke, stehen die Türen zu den Lernlandschaften eigentlich fast immer offen.

WF Und wie kommt der Neubau bei den Kindern an? Wird darüber mit ihnen gesprochen?

CG Wir haben während der Bauphasen oft mit den Kindern über den Entwicklungsprozess gesprochen und sind mit den Architekten eigens in die Klassen gegangen, um zu erklären, was wir mit dem Neubau vorhaben. Die Kinder waren somit voll involviert und sind jetzt auch entsprechend stolz auf ihr neues Gebäude. Auch die Jurymitglieder vom Staatspreis innovative Schulen, die vor Kurzem – leider nur online – bei uns zu Gast waren, haben uns das Feedback gegeben, dass die Kinder das Konzept der „kleinen Schule“ in der „großen Schule“ verstanden haben.

WF Eure Schule ist natürlich in einen viel größeren Kontext an Schulbauprogrammen, pädagogischen

Konzepten und in die Frage eingebunden, wie die Schule von morgen aussieht. Wo steht Hard diesbezüglich und die Arbeit eures Teams, österreichweit und im internationalen Vergleich?

CG Ohne mich jetzt zu weit aus dem Fenster zu lehnen, glaube ich schon, dass wir eine Vorzeigeschule sind. Vor Corona hatten wir im Schnitt zwei Gruppen pro Woche im Haus, die wegen der Architektur und des pädagogischen Konzepts gekommen sind. Mittlerweile stelle ich die Schule immer öfter auch online vor: In der österreichischen, deutschen und Schweizer Schullandschaft gibt es großes Interesse an unserem Projekt. Viele nehmen es als Anstoß, über den Tellerrand hinauszuschauen und Mut für Neues zu fassen. Wir arbeiten aber auch selber ständig an unserer Qualität.

WF Ihr seid eine sehr heterogene Schule. Worin liegen die Unterschiede der Kinder, die hier zur Schule gehen?

CG Für mich gehört Heterogenität in die Schule. Wir sind eine Industriegemeinde und haben eine breit gefächerte sozioökonomische Kultur in Hard. Das soll sich auch in der Schulkultur widerspiegeln. Für mich ist es eine gute Mischung – mit allen Stärken und Schwächen der Kinder. Wir haben auch sehr viele Kinder mit sonderpädagogischem Förderbedarf, die ganz normal in die Klassen integriert, aber speziell gefördert werden. Vor zwei Jahren hatten wir sogar ein Kind mit sonderpädagogischem Förderbedarf, das Klassensprecher war.

WF Bewegt sich euer pädagogisches Konzept innerhalb des gesetzlichen Rahmens oder habt ihr dafür Sondergenehmigungen?

CG Fast alles entspricht dem normalen Schulgesetz. Das Einzige, was im Rahmen eines Schulversuchs umgesetzt wird, ist die Mischung der Kinder aus Volks- und Mittelschule in einem Cluster, in dem Fall die vierte, fünfte und sechste Schulstufe.

Weil dieser Versuch jetzt ausläuft, versuchen wir, dass dies ins Regelschulwesen übernommen wird, was aber aufgrund der unterschiedlichen Dienstverhältnisse des Lehrpersonals nicht so leicht umzusetzen ist. Mittlerweile sind wir dabei, unsere Schule offiziell zu clustern, d. h., Volks- und Mittelschule werden zu einem Schulcluster, was uns

ermöglicht, den Schulversuch zum Normalfall werden zu lassen. Der nächste Schritt wird sein, die Struktur der Schulleitung zu überarbeiten, Ressourcen optimal aufzuteilen.

WF Wie sind die finanziellen Rahmenbedingungen – seid ihr da konventionelleren Schultypen gleichgestellt?

CG Wir sind im selben Rahmen, es gibt keine zusätzlichen Ressourcen. Nur bei der Verwaltung müssen wir gemäß dem regulären Schultypus vorgehen, das ist aber weder Eltern noch Kindern bewusst – die sind einfach Gryffindors, Hufflepuffs und Ravenclaws (lacht).

WF Weil wir hier ständig durch das große Fenster in die schöne Landschaft schauen, möchte ich nochmal auf die Lage der Schule zu sprechen kommen. Wie ist das Verhältnis der Schule zum naturräumlichen Kontext?

CG Wir liegen direkt am See, haben einen Skaterplatz, Fußballplätze, eine Leichtathletik-Anlage, einen Eislaufplatz und eine Baseball-Anlage. Dazu kommen unser Schulacker, eine Baumschule, ein Beerengarten, Hochbeete mit Kräutern und Versuchsbeete, wo jeweils eine Gruppe von Kindern auf ein paar Quadratmetern selbst etwas anpflanzen kann. Bei uns kommt es vor, dass Kinder in der Pause Unkraut jäten gehen – und sei es nur, um Dampf abzulassen (lacht).

WF Auch euer Schulrestaurant ist speziell, richtig?

CG Uns war wichtig, dass die Kinder im Restaurant mitarbeiten können. Jede Woche ist jeweils einer Klasse zugeordnet; diese Klasse entsendet täglich fünf

Kinder ins Restaurant, die unter Anleitung gemeinsam mit professionellen Köchen und einer eigens abgestellten Lehrperson kochen.

Wir arbeiten auch mit der örtlichen Musikschule zusammen: Musiklehrer von dort kommen zu uns ins Haus, um Gitarre, Trompete, Klavier etc. zu unterrichten.

WF Euer Haus versteht sich als offenes Haus. Inwieweit ist eure Schule ein öffentlicher Ort?

CG Unsere Sportanlagen werden auch von Vereinen genutzt, ansonsten ist jeder herzlich willkommen, der einen Bezug zur Schule hat, etwa der Handballverein. Wir möchten aber keine Räumlichkeiten zur rein privaten Nutzung vermieten. Trotzdem war es uns wichtig, dass unsere Schule nicht eingezäunt wird, sondern ein Durchgang direkt zum See möglich ist. Das belebt das Gelände und stellt eine gewisse soziale Kontrollfunktion her.

WF Der Betrieb einer Schule ist ein laufender Prozess. Gibt es für absehbare Zeit den Wunsch nach räumlicher Veränderung oder passt alles so weit?

CG Es passt, so wie es ist, sehr gut. Uns schwebt aber vor, auch die neunte Schulstufe zu integrieren, wofür wir momentan aber keinen Platz haben. Wir denken etwa auch eine Zusammenarbeit mit dem BORG Lauterach an, um Kinder von dort in unsere Klassen zu integrieren oder auch einen Lehreraustausch zu initiieren, was aber momentan ebenfalls aus Platzgründen nicht möglich ist.

Auch den Schulacker würden wir gerne vergrößern, um ganz speziell den Kindern, die sich in der Pubertät befinden, die Möglichkeit zu bieten, längere Zeit im Freien zu arbeiten und dies mit Mathematik, Sprachen und anderen Lerninhalten zu verbinden. Aber wer weiß, was da kommt – vor zehn, fünfzehn Jahren hätte ich mir nie träumen lassen, dass wir jetzt so arbeiten können –, vielleicht schaffen wir das noch.

WF Damit wir ein Bild von eurem Betrieb kriegen: Wie viele

Personen gehen im Schnitt pro Tag hier ein und aus?

CG Wir haben 660 Kinder, 80 Lehrpersonen, ein Betreuungsteam mit rund 15 Personen und je etwa sieben bis acht Personen im Restaurant und in der Schulwartung. Das sind schon mehr als 800 Menschen, die hier versammelt sind – Eltern noch gar nicht mitgerechnet (lacht). Und wenn ich nicht gerade sehr viel zu tun habe, steht meine Tür allen offen – und das buchstäblich. Offenheit und Vertrauen sind gelebte Praxis bei uns.

WF Wirkt sich das auch auf den Umgang mit dem Gebäude aus?

CG Wir hatten bisher kaum Probleme mit Vandalismus. Erst nach dem letzten Lockdown gab es einige Vorfälle. Ich hoffe aber, dass wir das bald wieder hinkriegen, durch die Regelmäßigkeit in der Klasse, Aufarbeiten von Problemen im Klassenverbund und die gute Zusammenarbeit mit dem Klassenvorstandsteam. Ansonsten zeigt sich aber, dass die Kinder stolz auf die Schule sind – bei uns werden Hausschuhe freiwillig angezogen (lacht).

WF Lieber Christian Grabher, herzlichen Dank für das ausführliche Gespräch!

Kurzbiografie Christian Grabher

Christian Grabher hat nach dem Bundesgymnasium Bregenz Gallus die Pädagogische Akademie in Feldkirch besucht und war von 1983 bis 1999 Lehrer in den Fächern Englisch und Biologie an der Hauptschule Bregenz Rieden. Seit 1999 ist er Direktor der Mittelschule Markt in Hard (ab 2018 „Schule am See") und hat viele berufsbegleitende Zusatzqualifikationen erworben, von denen der Lehrgang für Integrationspädagogik „Voneinander Lernen" (1997–1998), die Schulmanagementausbildung (1999–2000), der Universitätslehrgang „Personal- und Organisationsentwicklung" (2003–2005) und die Leadership Academy (2004–2005) nur einige Beispiele sind.

Schlüsselfaktoren

- **Hochenergieeffiziente Haustechnikanlage mit Speichermassen-aktivierung zur sommer-lichen Nachtkühlung**
- **Energieversorgung durch lokale erneuerbare Energieträger**
- **Reduzierte mechanische Lüftung (Low Tech) in Kombination mit natürlicher Lüftung**

Qualität der Gebäudehülle

- Konstruktive Verschattung durch umlaufende Balkonbänder
- Automatisch gesteuerte Verschattung mit Sonnensegeln
- Hohe Transparenz zwischen Innen- und Außenraum

Qualität der Fenster

- 3-Scheiben-Verglasung mit geringem Reflexionsgrad (Ug-Wert 0,5 W/m^{2}K)

Energieversorgung

- Biomasse-Nahwärmeversorgung
- Großflächige Photovoltaikanlage auf dem Dach

Ökologische Baustoffe

- Holz-Rahmenbauweise Sporthalle, Holz-Pfosten-Riegel-Fassade
- Holzfußboden Baubuche
- Ausführung gemäß *baubook* (bundeslandspezifisches Verzeichnis ökologischer Bauprodukte unter https://www.baubook.at/)

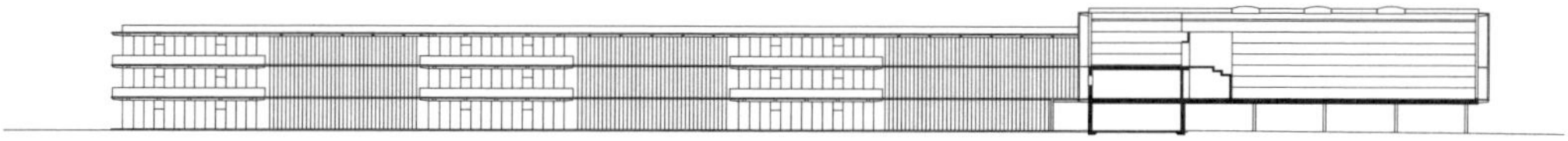

Längsschnitt

Querschnitt

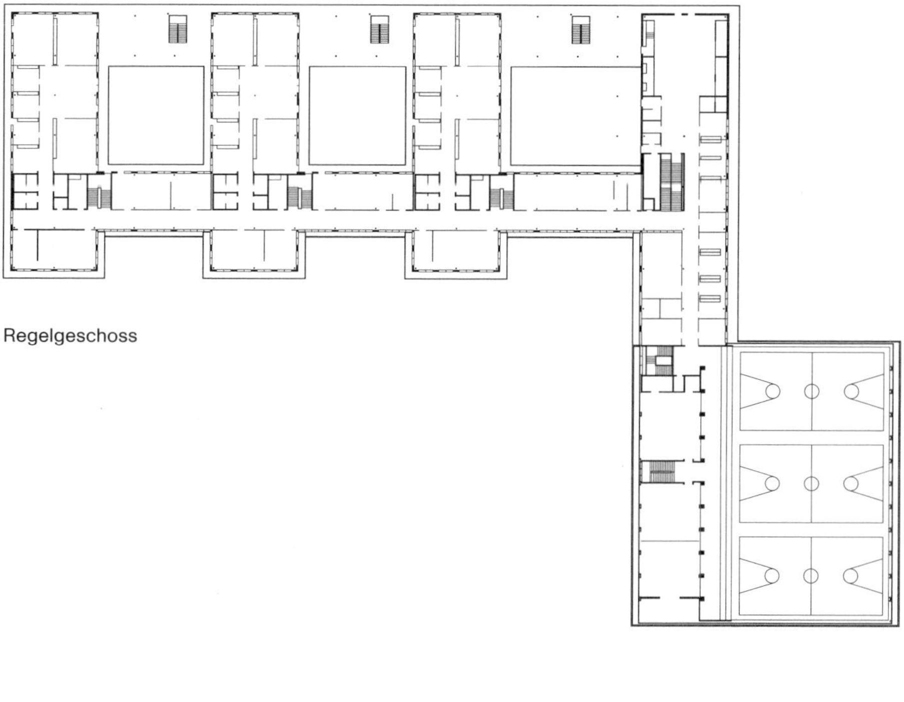

Regelgeschoss

Raumheizung Heizwärmebedarf

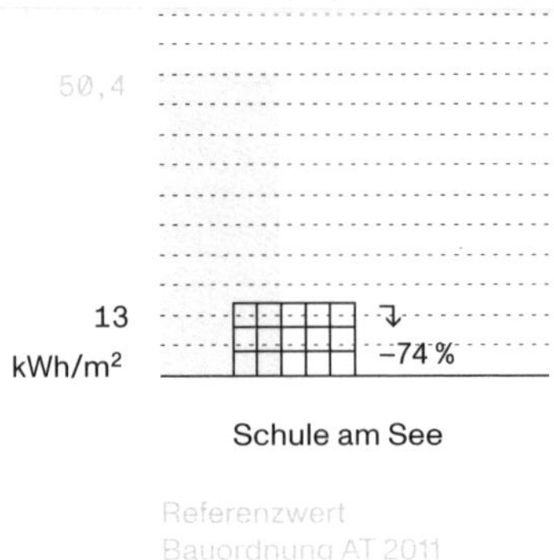

Gesamtenergiebedarf

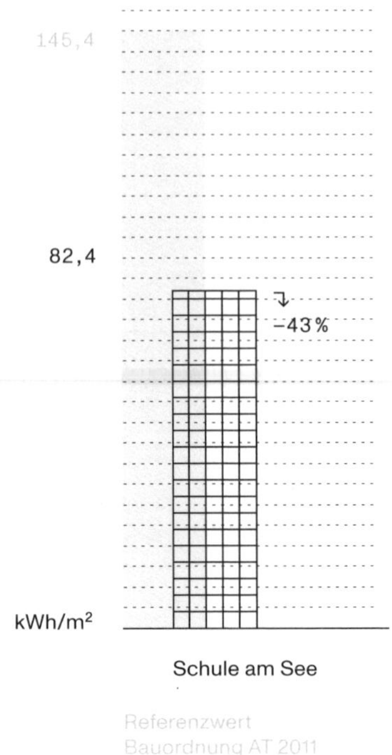

CO_2 Emissionen (Betrieb)

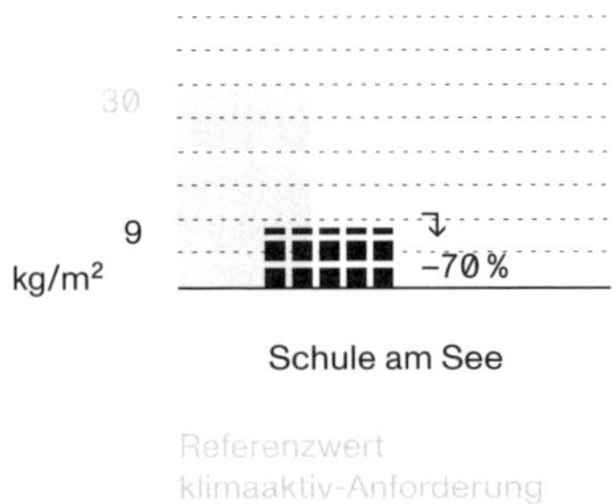

CO_2
Einsparung / Lebenszyklusbetrachtung*

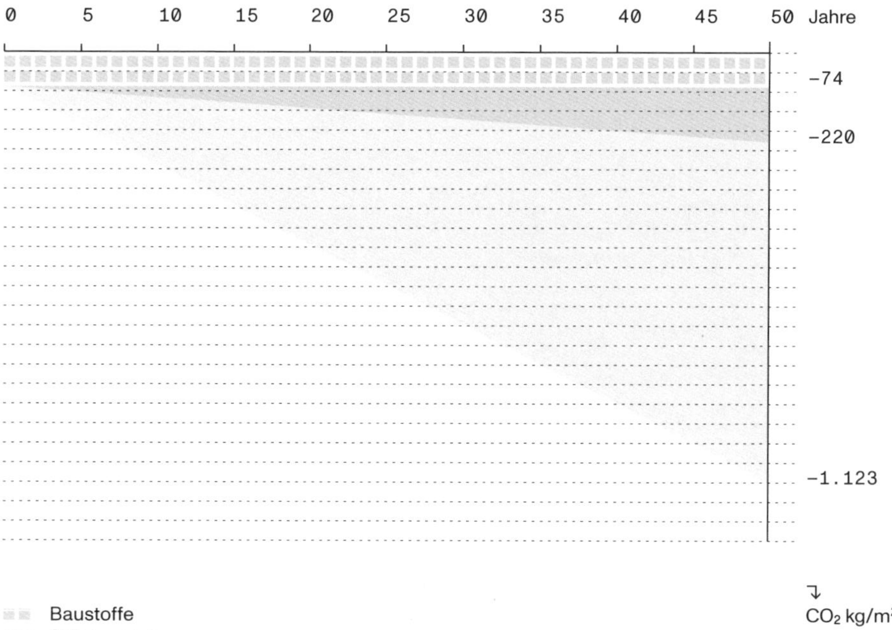

Baustoffe
Solarenergie
Energieeffizienz (Hülle + Anlagen)

* bezogen auf klimaaktiv-Anforderung

Klimaschutzbeitrag nach 50 Jahren	CO_2 in kg/m²	CO_2 in kg gesamt
Baustoffe*	**-74**	**-973.292**
Solarenergie	**-146**	**-1917.620**
Energieeffizienz**	**-903**	**-11.879.457**
	-1.123	**-14.770.369**

* gespeichertes CO_2
** Hülle + Anlagen

Türkenwirtgebäude der Universität für Bodenkultur Wien, AT

→ 72

Wettbewerb:	1. Preis
Adresse:	Peter-Jordan-Straße 72 1190 Wien
Bauherr:	BIG Bundesimmobilien- gesellschaft mbH
Planungsbeginn: Fertigstellung:	2014 2018
Planung: Projektleitung:	Baumschlager Hutter Partners Miriam Seiler Gerhard Müller
Grundstücksfläche: Bebaute Fläche: Nettofläche (Nutzfläche): Umbauter Raum:	2.924 m² 1.207 m² 3.474 m² 29.656 m³
Auszeichnungen:	Zertifizierung ÖGNI Platin, Award Staatspreis Architektur und Nachhaltigkeit 2019, ICONIC AWARD for Innovative Architecture 2020, klimaaktiv Gold

Ökologischer Klassenprimus mit besonderem wirtschaftlichen Nachhaltigkeitsanspruch

Da das frühere Türkenwirtgebäude (Tüwi) der Wiener Universität für Bodenkultur (BOKU) wirtschaftlich nicht sanierbar war, wurde für die Errichtung eines Neubaus ein offener Wettbewerb ausgeschrieben, den Baumschlager Hutter Partners mit der sorgfältigen Integration des neuen Baukörpers in die bestehende städtebauliche Situation und der hohen ökologischen und wirtschaftlichen Nachhaltigkeit für sich entscheiden konnten.

Der Neubau besteht aus einem rechtwinklig angelegten Bau aus drei Obergeschossen im Bereich Peter-Jordan-Straße/ Dänenstraße und einem zweigeschossigen Teil zur Nedergasse im Norden des Grundstücks. Die Kubaturen orientieren sich an den bestehenden Traufhöhen der Nachbarliegenschaften der Peter-Jordan-Straße. Wenige, präzise gewählte Eingriffe gliedern den Baukörper und lassen ihn in seiner Maßstäblichkeit angemessen auf seine Umgebung reagieren. Eine großzügige Geste durch einen weit vorspringenden Kopfbauteil und einen dadurch gedeckten Vorplatz definiert den Eingangsbereich und bindet das Gebäude an die Bewegungsströme aus anderen Gebäuden am Campus an.

Baurechtlich wird das oberirdische Bauvolumen nicht maximal ausgenutzt, sondern viele Nutzungen unterirdisch angeordnet. Durch den Verzicht auf ein Staffelgeschoss wird die Möglichkeit einer späteren Erweiterung geschaffen. Trotz der Baumassengliederung in zwei unterschiedliche Trakttiefen und Gebäudehöhen tritt das Gebäude durch die gewählten Fluchten und einen umhüllenden Lamellenschirm aus Lärchenholz als homogener Baukörper in Erscheinung.

Ein eingeschnittener Patio schafft belichtete Flächen im ersten Untergeschoss und ermöglicht so die Anordnung von weiteren Lern- und Aufenthaltsräumen auf dem relativ kleinen Grundstück. Das neue Türkenwirtgebäude beherbergt drei Institute mit insgesamt 65 Mitarbeiterinnen und Mitarbeitern, Büros für die Hochschülerschaft, die Mineraliensammlung mit Übungsraum, Lehr- und Arbeitsräume, eine Mensa, das selbst verwaltete Lokal „Tüwi“ mit Gastgarten und Hofladen sowie einen Hörsaal mit einer Belegungskapazität von bis zu 400 Personen – das erste Audimax der BOKU.

Das Freiraumkonzept bietet neben Fahrradabstellplätzen, einer Fahrradwerkstatt und zwei separaten Gastgärten für die Mensa und das Tüwi-Lokal im abgesenkten Hof auch die Möglichkeit der Abhaltung von Freiluftklassen im sogenannten Blockgarten. Dabei handelt es sich um einen schattigen Garten mit modellierten Bereichen zwischen Steinquadern und Findlingen aus der geologischen Sammlung, der durch den alten Baumbestand und Neupflanzungen verschiedener Ahorn-Arten räumlich gegliedert ist.

Bei der Konstruktion handelt es sich um einen Stahlbetonskelettbau mit Holzelementfassade. Stahlbeton kam nur dort

Umnutzung als Wohngebäude

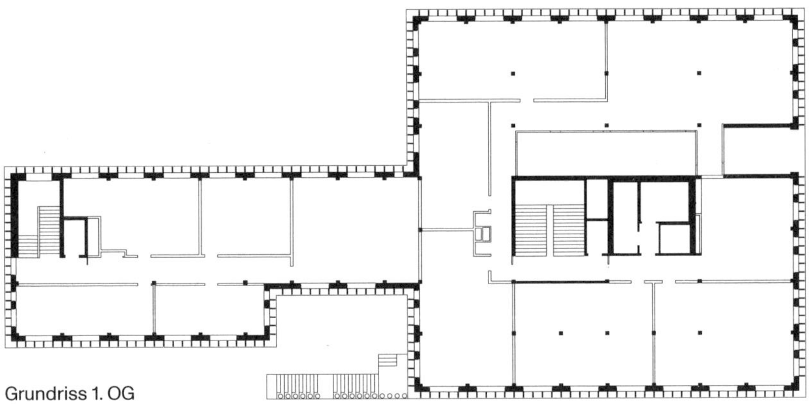

Grundriss 1. OG

Die Büroräume in den Obergeschossen können in Wohnungen umgebaut werden.

Die WC-Anlagen können als Waschküchen umgenutzt werden.

Die Räume im Erdgeschoss eignen sich beispielsweise als Gastronomiebereiche, gemeinschaftlich oder individuell nutzbare Büro- oder Aufenthaltsräume sowie zur Nutzung als Geschäftsflächen.

Die Untergeschosse können z. B. als Lagerfläche Verwendung finden.

Der Hörsaal kann in ein Kino oder zusätzliche Flächen zur Nutzung als Werkstätten, Gemeinschaftsküchen oder andere Hobbyräume umfunktioniert werden.

zum Einsatz, wo er entweder Trag- oder Aussteifungsfunktion übernimmt oder als Speichermasse für die Bauteilaktivierung dient. Somit konnte auch in Kombination mit Leichtbauelementen innerhalb der Struktur eine Nutzungsneutralität geschaffen werden, mit der sich vielfältige Möglichkeiten einer späteren Umnutzung ergeben. Mit dem Neubau des Türkenwirtgebäudes wurde auch das Ziel der Errichtung eines Leuchtturmprojekts für nachhaltiges und lebenszyklusoptimiertes Bauen erfüllt, bei dem Baumschlager Hutter Partners die Forschungsschwerpunkte der BOKU im Bereich der Nachhaltigkeit und Verwendung von

Umnutzung als Seminarhotel

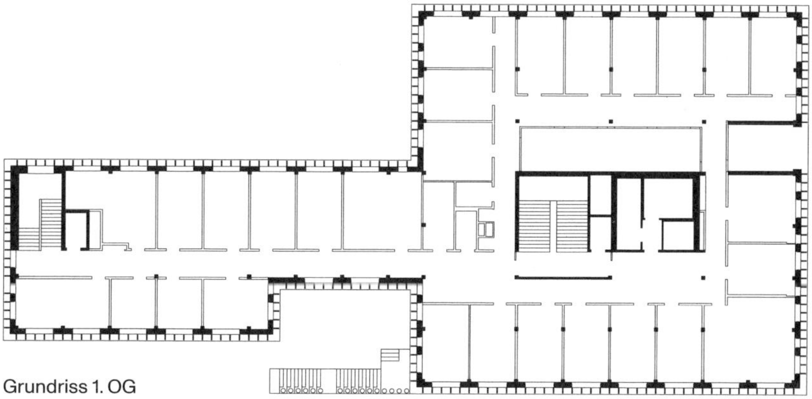

Grundriss 1. OG

Die Büroräume in den Obergeschossen können in Hotelzimmer umgebaut werden.

Im Bereich der WC-Anlagen lassen sich Wäschelager und Putzräume einrichten.

Die Räume im Erdgeschoss können z. B. ein Foyer, Gastronomiebereiche und Seminarräume beherbergen.

Die Untergeschosse können z. B. als zusätzliche Seminarräume, Fitnessräume und Lagerräume verwendet werden.

Der Hörsaal kann in ein Kino, einen oder mehrere Seminarräume umfunktioniert werden.

natürlichen Ressourcen zugutekamen. Dabei unterstützte die BOKU das Planungsteam in konsultierender Funktion sowie als Überwacher des Prozessfortschritts.

Das ausgeführte Projekt weist eine hochenergieeffiziente Gebäudehülle in Passivhausstandard auf sowie zusätzliche Maßnahmen wie eine Niedertemperatur-Raumheizung (Betonkernaktivierung, Fußbodenheizung), die Nutzung von Geothermie-Erdspeichern, Solarthermie für Warmwasser und Photovoltaikanlagen. Als Resultat konnte in der Gebäudezone mit universitärer und büroähnlicher Nutzung ein Plusenergiestandard erreicht werden. Auch bei den Materialien wurde auf den Einsatz ökologischer, schadstoff- und PVC-freier Produkte gesetzt.

Das Türkenwirtgebäude erreichte als erster Bildungsbau in allen Kategorien der ÖGNI-Bewertung die höchste Qualitätsstufe Platin. Somit handelt es sich in seiner Kategorie um das nachhaltigste Gebäude im deutschsprachigen Raum. Der besondere wirtschaftliche Nachhaltigkeitsanspruch dieses Projekts liegt in der hohen Umnutzungs- und Rückbaufähigkeit des Gebäudes, die als integraler Bestandteil des Planungsprozesses jeden Aspekt des Entwurfs informiert hat und damit als exemplarisches Ergebnis einer architektonischen Planungskultur gelten kann, die ein Gebäude als Bestandteil lokaler und überregionaler Stoffkreisläufe betrachtet und dessen Bauelemente neben den Energie- und CO_2-Bilanzen ihrer Herstellung und Nutzung entweder unmittelbar wiederverwendbar, recycelbar oder biologisch abbaubar sein sollten.

Im konkreten Fall sind zwei wahrscheinliche Umnutzungsszenarien im Detail untersucht und dargestellt worden.

Schlüsselfaktoren

- **ÖGNI-Platin-Zertifikat für nachhaltiges Bauen mit bester Bewertung aller Bildungsgebäude im deutschsprachigen Raum**
- **Erneuerbare Energiequellen am Standort: Solarkollektoren, Erdwärme-Tiefensonden, direkter Erdwärmebeitrag durch hohes unterirdisches Bauvolumen**
- **Ausbau mit hohem Holzanteil und anderen biogenen Baustoffen (Linoleum, Schafwolle)**
- **Trotz aller technischen Anforderungen ist es ein „wohnliches" Gebäude für die Benutzerinnen und Benutzer.**
- **Hohe Umnutzungsfähigkeit und einfache Rückbaubarkeit**

Qualität der Gebäudehülle

- Das Gebäude erfüllt die Kategorie Niedrigstenergiehaus und die Empfehlungen für den Passivhausstandard.
- Die Dämmstärke oberirdischer Bauteile beträgt zwischen 25 und 33 cm.
- Hohe thermische Behaglichkeit der Raumoberflächen
- Der Wärmedurchgangskoeffizient (U-Wert) der Außenwand ist um 57 % besser als die baugesetzliche Mindestanforderung.
- Der Wärmedurchgangskoeffizient des Daches ist um 55 % besser als die baugesetzliche Mindestanforderung.

Qualität der Fenster

- Hochwärmegedämmte Holzfenster mit 3-Scheiben-Wärmeschutzverglasung
- Der Wärmedurchgangskoeffizient (U-Wert) der Fenster ist um 57 % besser als die baugesetzliche Mindestanforderung.
- Konstruktive Verschattung durch vertikale Holzlamellen und horizontale Betonfertigteile
- Mobiler textiler Sonnenschutz mit hoher Windstabilität

Energieversorgung

- Betonkernaktivierung zur Heizung und Kühlung mit hohem Wirkungsgrad
- Wärmepumpenanlage mit Geothermie-Tiefensonden
- Kälteanlage mit hohem Wirkungsgrad und Free-Cooling-Geothermie-Nutzung

- Solarthermie (56 m^2 Kollektorfläche) zur Warmwasserbereitung (Gastronomiebereich) und zur Unterstützung der Raumheizung
- Photovoltaikanlage (53 kWp) zur Eigenbedarfsversorgung und Zwischenspeicherung in Betonkernaktivierung
- Fernwärmeversorgung zur Überbrückung von Zeiträumen mit geringem Solarertrag
- Die Büro- und Unterrichtszone erfüllt den Plusenergiestandard (positive Primärenergiebilanz).

Ökologische Baustoffe

- Fassade in Holzleichtbauelementen aus unbehandeltem Lärchenholz
- Institutszone mit Linoleumböden
- Akustikelemente aus Schafwolle
- PVC-Vermeidung auch für Elektroinstallationen
- Schadstoffvermeidung und Chemikalienmanagement

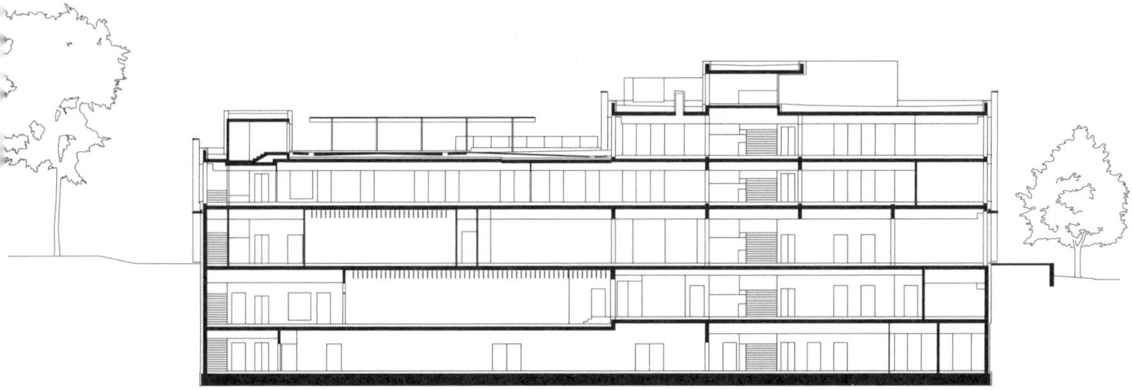

Längsschnitt

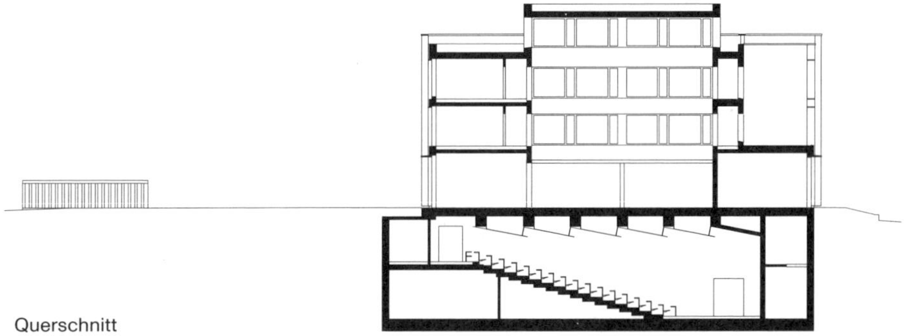

Querschnitt

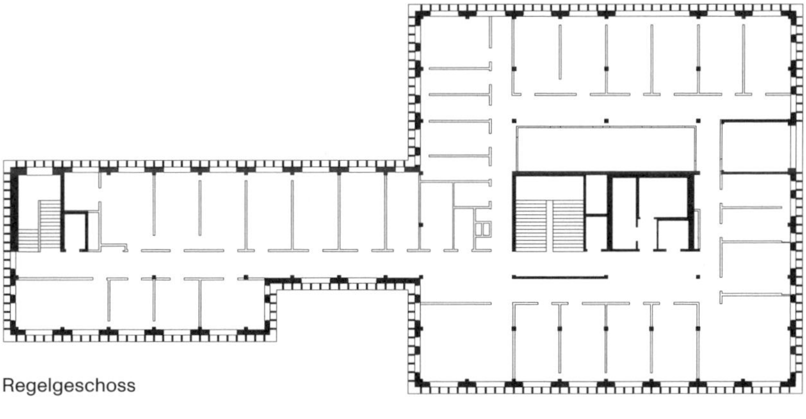

Regelgeschoss

Raumheizung Heizwärmebedarf

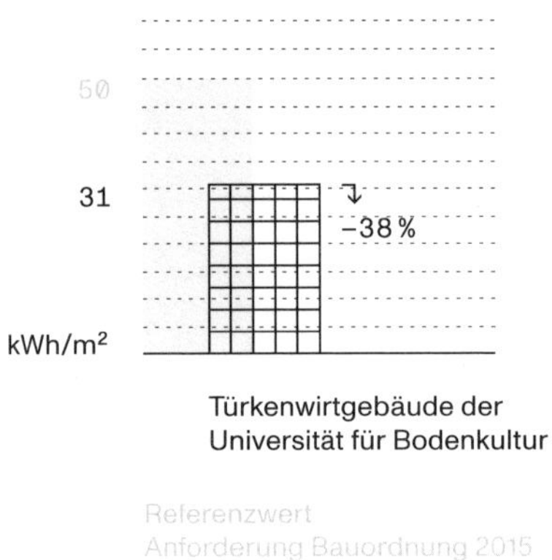

Gesamtenergie-bedarf

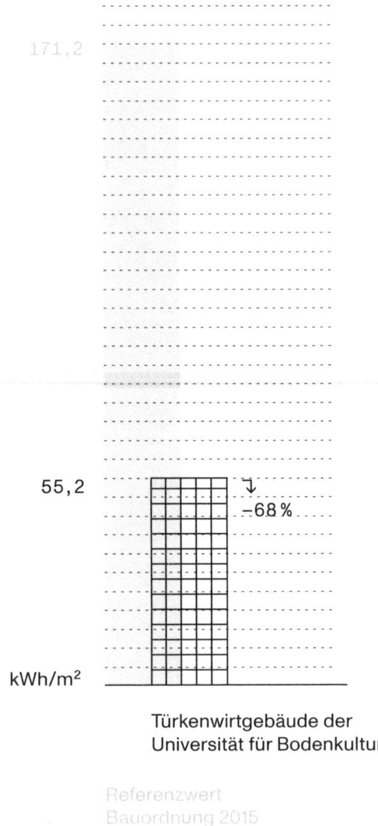

CO_2 Emissionen (Betrieb)

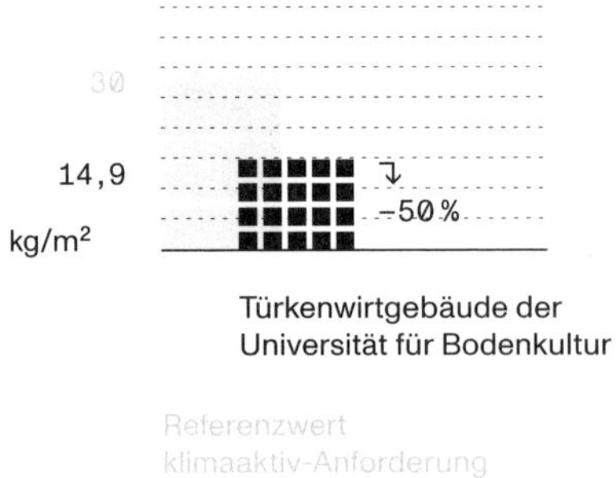

CO_2
Einsparung / Lebenszyklusbetrachtung*

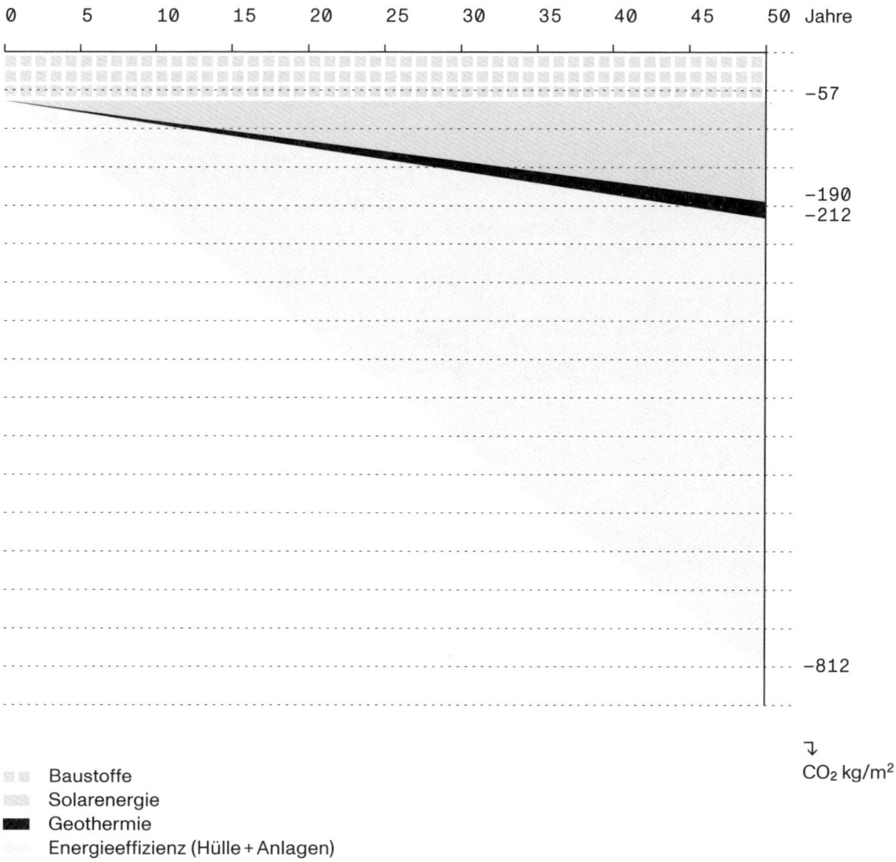

* bezogen auf klimaaktiv-Anforderung

Klimaschutzbeitrag nach 50 Jahren	CO_2 in kg/m²	CO_2 in kg gesamt
Baustoffe*	**−57**	**−277.461**
Solarenergie	**−133**	**−645.249**
Geothermie	**−22**	**−104.349**
Energieeffizienz**	**−600**	**−2.908.376**
	−812	**−3.935.436**

* gespeichertes CO_2
** Hülle + Anlagen

Haus A
Rankweil, AT

→ 86

Adresse:	Rankweil
Bauherr:	privat
Planungsbeginn:	2018
Fertigstellung:	2019
Planung:	Baumschlager Hutter Partners
Projektleitung:	Jesco Hutter
Grundstücksfläche:	702 m²
Bebaute Fläche:	228 m²
Nettofläche (Nutzfläche):	138 m²
Umbauter Raum:	877 m³

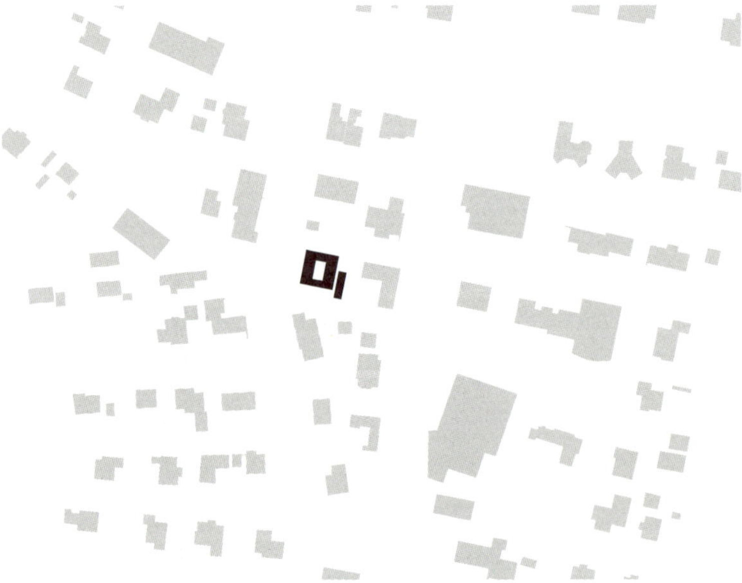

Auf der kleinen Bauparzelle in der Vorarlberger Gemeinde Rankweil ist ein eingeschossiges Einfamilienhaus mit Flachdach entstanden, dessen Räume und innere Erschließung sich u-förmig um einen offenen Innenhof gruppieren. Die hofseitig raumhohen Verglasungen machen den dort angelegten Garten zum Herzstück eines Hauses, das nach außen sehr zurückhaltend in Erscheinung tritt.

Das Haus ist nicht unterkellert und weist eine kostenoptimierte, aber durch den ausschließlichen Einsatz ökologischer Baumaterialien realisierte Konstruktion auf. Das Warmwasser wird über eine Solaranlage aufbereitet. Die Dachbegrünung schafft einen Ersatzlebensraum für Fauna und Flora, sorgt für eine Abflussverzögerung des Regenwassers (Retention), verbessert das Innenraumklima erheblich und macht die Dachfläche zur „fünften Fassade" des Hauses.

Die massive Konstruktion aus Beton wird mit einem hinterlüfteten Holzschirm verkleidet. Die Fassaden erfahren nach außen durch raumhohe und präzis gesetzte Fenster eine punktuelle Strukturierung. Sämtliche Wände der Innenräume sind durchgehend mit handelsüblichen Fichte-Dreischichtplatten verkleidet und akzentuieren damit den vielfältigen und sich im Wechsel der Jahreszeiten in stetigem Wandel begriffenen Dialog mit dem Ökosystem des Hofes. Die sichtbare Untersicht der Brettstapeldecke unterstreicht die warme Atmosphäre der Innenräume, die mit den hochwertigen Terrazzoböden kontrastieren und neben den Gläsern der hofseitigen Fassade die eingesetzte Materialpalette auf ein Minimum reduziert.

Schlüsselfaktoren

- **Demonstrationsprojekt für den Einsatz biogener Baumaterialien. In Baustoffen gespeichertes CO_2 kompensiert die Betriebsemissionen über einen Zeitraum von 40 Jahren.**
- **Hochenergieeffiziente Gebäudehülle und -technik**

Qualität der Gebäudehülle

- Das Gebäude erfüllt die Kategorie Niedrigenergiehaus.
- Die Dämmstärke beträgt 30 cm für das Dach und 32 cm für die Außenwand.
- Die Außenbauteile weisen einen hohen Wärmeschutz auf und bieten damit eine hohe thermische Behaglichkeit.
- Der Wärmedurchgangskoeffizient (U-Wert) der Außenwand ist um 50 % besser als die baugesetzliche Mindestanforderung.
- Der Wärmedurchgangskoeffizient des Daches ist um 40 % besser als die baugesetzliche Mindestanforderung.
- Aufgrund des hohen Anteils der Gebäudehülle pro Raumvolumen wird der vorgeschriebene Heizwärmebedarf nur knapp (7 %) unterschritten.

Qualität der Fenster

- Die Holzfenster verfügen über eine hochwärmegedämmte Verglasung (U-Wert 0,5 W/m^2K).
- Der Wärmedurchgangskoeffizient (U-Wert) der Fenster ist um 44 % besser als die baugesetzliche Mindestanforderung.
- Die Verschattung durch Faltläden bewirkt einen hohen thermischen Komfort in der Kühlperiode.

Energieversorgung

- Wärmepumpenanlage: Grundwassernutzung und hoher Wirkungsgrad (Jahresarbeitszahl 5,1)
- Die Raumheizung durch Fußbodenheizung ist selbstregulierend, fördert die Behaglichkeit und begünstigt einen hohen Anlagenwirkungsgrad.

Ökologische Baustoffe

- Holzleichtbaukonstruktion
- Wärmedämmung des Daches und der Außenwand mit Holzfaserdämmplatten
- Fenster, Türen, Innenverkleidung und Fassade aus Vollholz
- Aufgrund des hohen Holzanteils von Gebäudehülle und Wärmedämmung kann eine sehr große Menge an CO_2 gespeichert werden.

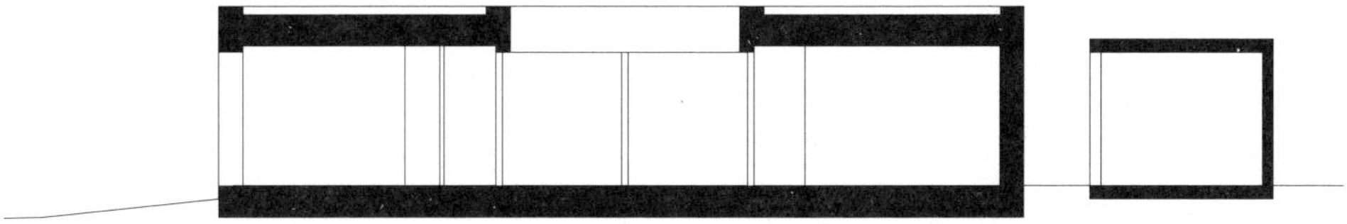

Schnitt

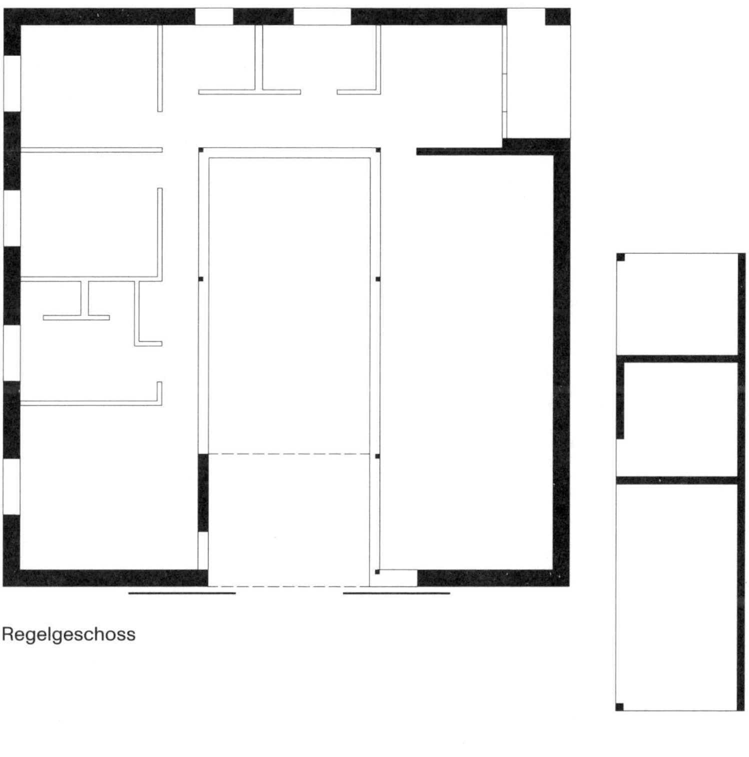

Regelgeschoss

Raumheizung Heizwärmebedarf

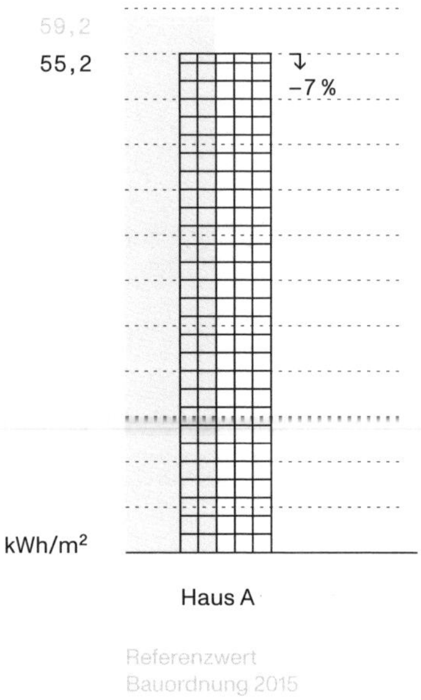

Gesamtenergiebedarf

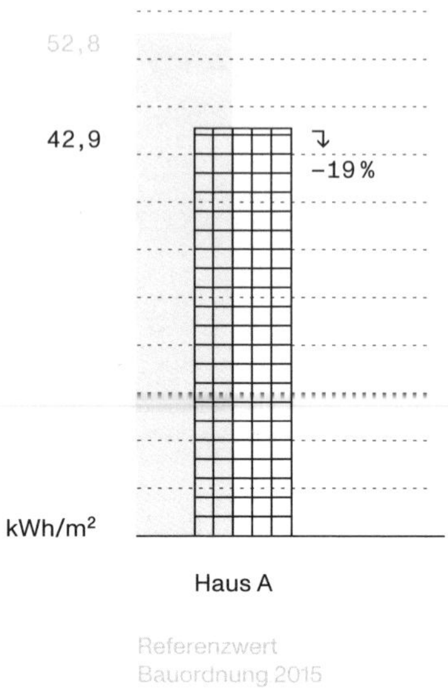

CO_2 Emissionen (Betrieb)

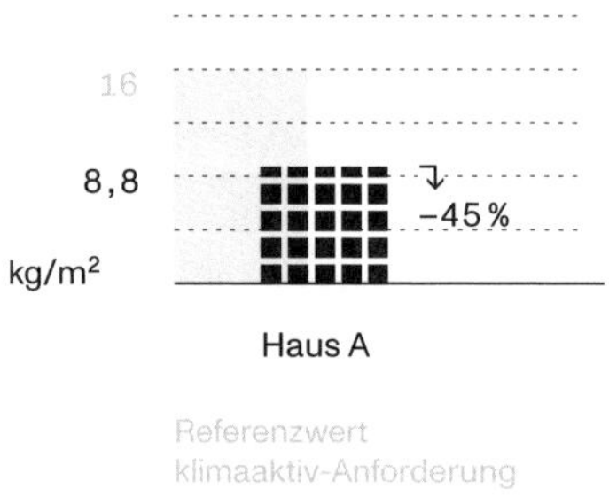

CO_2
Einsparung / Lebenszyklusbetrachtung*

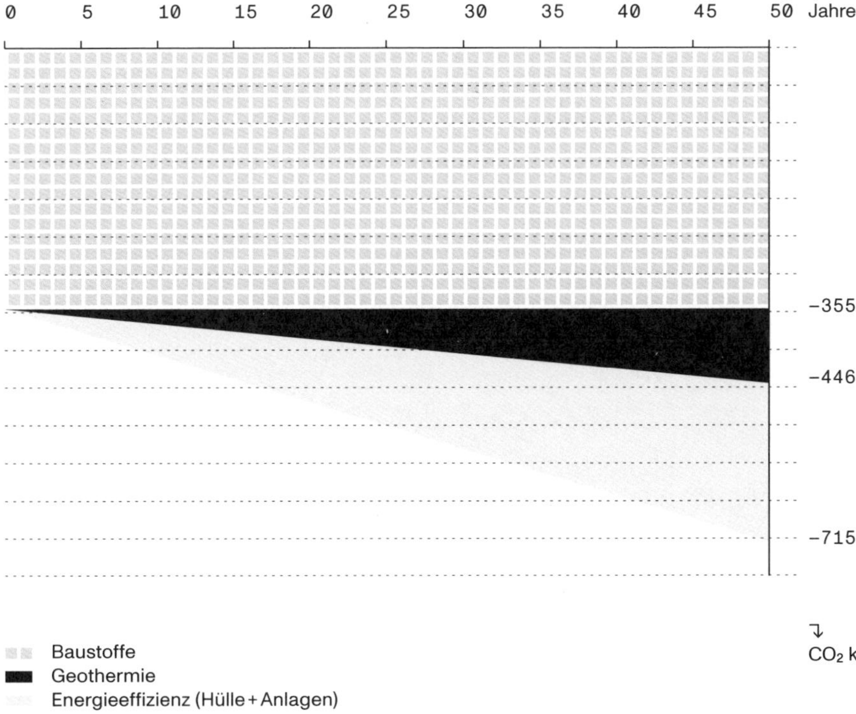

* bezogen auf klimaaktiv-Anforderung

Klimaschutzbeitrag nach 50 Jahren	CO_2 in kg/m²	CO_2 in kg gesamt
Baustoffe*	**-355**	**-59.640**
Geothermie	**-91**	**-15.328**
Energieeffizienz**	**-269**	**-45.152**
	-715	**-120.120**

* gespeichertes CO_2
** Hülle + Anlagen

Pförtnerhaus Heerbrugg, CH

→ 92

Adresse:	Schlossstrasse 213 9435 Heerbrugg
Bauherr:	Ri-Ma Immobilien GmbH
Planungsbeginn:	2018
Fertigstellung:	2019
Planung:	Baumschlager Hutter Partners
Projektleitung:	Jesco Hutter
Bebaute Fläche:	139 m^2
Nettofläche (Nutzfläche):	150 m^2
Umbauter Raum:	1.000 m^3
Auszeichnungen:	Shortlist Häuser des Jahres 2020, Anerkennung db-Wettbewerb „Respekt und Perspektive. Bauen im Bestand“

Vom kulturellen und ökologischen Mehrwert, bestehende Bausubstanz in die Zukunft zu führen

Im Fall des bereits unter Denkmalschutz stehenden Pförtnerhauses in Heerbrugg hat sich die Frage eines Abbruchs nicht gestellt. Was im Fall der Instandsetzung alter Bausubstanz in vielen Fällen eine Rolle spielt, ist die Frage nach einer adäquaten Nutzung und dem damit verbundenen Anspruch, die räumliche und technische Infrastruktur auf einen zeitgemäßen Stand zu bringen. Das Beispiel des Pförtnerhauses zeigt auf exemplarische Weise, dass sich die spezifische Interpretation dieser Ansprüche im Hinblick auf die Ziele der ökologischen und wirtschaftlichen Nachhaltigkeit im Idealfall möglichst eng an den räumlichen und funktionalen Vorgaben des Bestands orientiert, um die nötigen Updates in einen präzisen und damit auch ästhetisch reizvollen Dialog mit dem Vorhandenen setzt. Die Wirtschaftlichkeit ergibt sich aus der Inwertsetzung einer Immobilie, deren Qualität sich in den meisten Fällen nicht auf die Bewertung ihres gegenwärtigen Allgemeinzustands reduzieren lässt, sondern auch für die kulturelle und soziale Aufwertung der unmittelbaren Nachbarschaft von entscheidender Bedeutung ist.

Die gedankenlose Entsorgung als Rest- oder Sondermüll sollte auch dann keine Option mehr sein, wenn die gewünschten Änderungen oder der technische Allgemeinzustand des Gebäudes die Erhaltung nicht rechtfertigen. Die unter den Begriff von „Urban Mining“ fallende stoffliche Verwertung von (langlebigen) Gütern am Ende ihrer Lebensdauer ist – um beim Bild der Mine zu bleiben – aufgrund der enormen anthropogenen Vorräte, die urbane Regionen im Laufe der Zeit aufgebaut haben, ein wesentlicher Beitrag zur Steigerung der städtischen Ressourceneffizienz.

Das gilt aus wirtschaftlicher Sicht in erste Linie für Rohstoffe, die sich bereits merklich verknappen und daher einer erheblichen Teuerung unterliegen, inkludiert aber auch jene, die sich mit verhältnismäßig geringem Aufwand wieder voneinander trennen lassen. Die damit in unmittelbarem Zusammenhang stehende Elementierungs- und Fügelogik der baulichen Struktur ist neben der Materialwahl eine der wichtigsten Voraussetzungen für den effizienten und möglichst unvermischten Rück- oder Abbau baulicher Substanz. Die damit einhergehenden

Auswirkungen auf den architektonischen Entwurf bedürfen noch vertiefender Untersuchungen und sind hinsichtlich ihrer Tragweite noch gar nicht absehbar.

Eine weitere Dimension des Bauens am Bestand liegt in der an einen archäologischen Prozess erinnernden Freilegung historischer Materialschichten oder Baukonstruktionen, die neben dem Wissen und den Fertigkeiten, die zu deren Errichtung notwendig waren, auch unzählige Spuren der Benutzung offenbaren.

Der Umbau des Pförtnerhauses war bestrebt, mit diesen Spuren die Seele des Hauses zu bewahren und das Schmuckstück auf ein neues Jahrhundert vorzubereiten. Alle Einbauten wurden so getätigt, dass sie sich jederzeit mit geringem Aufwand wieder entfernen lassen, und beweisen, dass es sich in alten Gebäuden auch dann zeitgemäß leben lässt, wenn die Spuren und Narben der Geschichte zu einem organischen Bestandteil einer neuen Lebensqualität werden.

Der Umbau eines historischen Bestands erfordert zudem, die Vorstellungen der Auftraggeberin/des Auftraggebers mit den bestehenden Qualitäten in Einklang zu bringen und sicherzustellen, die Ergebnisse nicht mit der Erwartungshaltung an einen Neubau zu messen.

Neben der sanften Renovierung der bestehenden Substanz wurde eine während der Sommermonate als Außensitzplatz nutzbare feingliedrige Holzkonstruktion an eine Bestandsmauer angedockt, deren Lage die sanfte Geländekante des Grünraums aufnimmt. Der Baumbestand wurde erhalten und durch eine Neupflanzung ergänzt. Die Gartenanlage ist ein Spiegel des sensitiven Umgangs mit den vorhandenen Qualitäten des Orts.

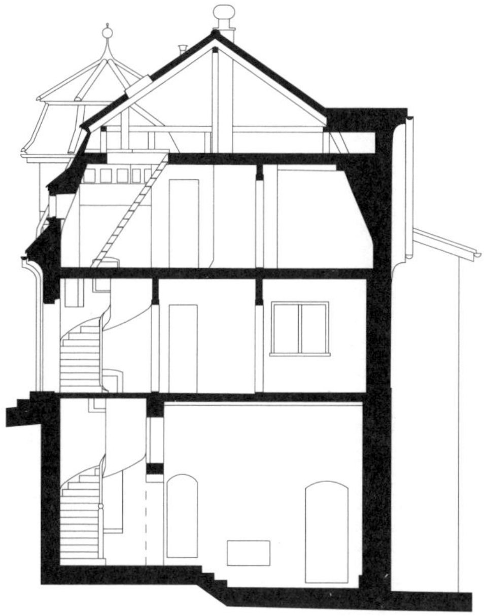

Schnitt

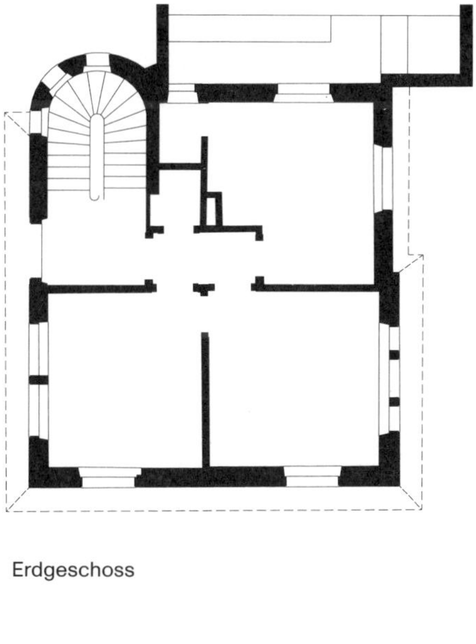

Erdgeschoss

Regionales Innovations- und Technologietransfer Zentrum (RITZ) Friedrichshafen, DE

→ 100

Wettbewerb:	1. Preis
Adresse:	Fallenbrunnen 14 88045 Friedrichshafen
Bauherr:	RITZ Regionales Innovations- und Technologietransfer Zentrum GmbH
Planungsbeginn:	2018
Fertigstellung:	2020
Planung:	Baumschlager Hutter Partners
Projektleitung:	Ralf Bernhardt
Grundstücksfläche:	4.706 m²
Bebaute Fläche:	2.637 m²
Nettofläche (Nutzfläche):	4.117 m²
Umbauter Raum:	22.420 m³

Die Ausgangslage für den Neubau des Regionalen Innovations- und Technologietransfer Zentrums in Friedrichshafen ist geprägt von den historischen Strukturen der unmittelbaren städtebaulichen Nachbarschaft, dem Bebauungsplan und den funktionalen und ökonomischen Rahmenbedingungen des spezifischen Raumprogramms. In diesem engen Korsett sind der Maßstab und das räumliche Vernetzen die entscheidenden Kriterien der architektonischen Intervention. Wird der „Campus" als städtebauliche Typologie begriffen, ist das Verhältnis von Volumen und Außenraum der Schlüssel zur räumlichen Umsetzung.

Das zurückgestufte Erdgeschoss und die eigenständige Erschließung der einzelnen Funktionseinheiten definieren die Bezüge von Außenraum und Gebäude, welches sich im Sinne eines durchlässigen Knotenpunkts als „Marktplatz des Wissens" versteht.

Die architektonische Sprache generiert sich aus der Ordnung der tragenden Elemente, die umlaufende Arkade und die Modularität der Gebäudehülle. Die offene Struktur erlaubt vielfältige und flexible Formen der Nutzung und reagiert damit auf eine Realität, die von der Notwendigkeit ständiger Anpassung und Veränderung geprägt ist. Ein „innovatives Funktionsgebäude" definiert sich vor allem durch seine Umnutzungsfähigkeit und erfüllt damit ein wichtiges Kriterium der ganzheitlichen Nachhaltigkeit.

Das konstruktive Prinzip ermöglicht ein offenes, über Lichthöfe verbundenes Raumgefüge. Die Belegung der Flächen, die funktionalen Zusammenhänge und sonstigen Anforderungen des Raumprogramms lassen sich bedarfsgerecht organisieren, lassen aber auch kurzfristig notwendige Veränderungen zu. Eine reduzierte räumliche Grammatik ermöglicht maximale Neutralität und Flexibilität gleichermaßen.

Insgesamt stellt das neue RITZ ein nachhaltiges, zukunftsoffenes Gebäude dar, dessen Ausdruck dem Inhalt entspricht und das sich, auch mit seiner Bedeutung am Campus, unaufgeregt in die städtebauliche Struktur einfügt.

Schlüsselfaktoren

- **Kompakter Baukörper mit großflächiger Photovoltaikanlage**
- **Große innere und äußere Transparenz**

Qualität der Gebäudehülle

- Die Wärmeschutzanforderungen an opake Bauteile werden um 25 % unterschritten.
- Kompakter Baukörper

Qualität der Fenster

- 3-Scheiben-Sonnenschutzverglasung zur Reduktion des Kühlbedarfs
- Die Wärmeschutzanforderungen an Fenster werden um 29 % unterschritten.

Energieversorgung

- Fernwärmeversorgung mit günstigem CO_2-Faktor
- Großflächige Photovoltaikanlage: 76 kWp, 565 m² Kollektorfläche

Ökologische Baustoffe

- Außenwand in Holzleichtbauweise

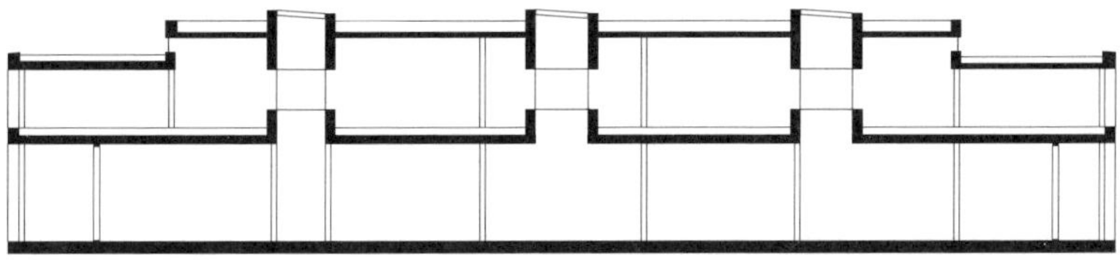

Längsschnitt

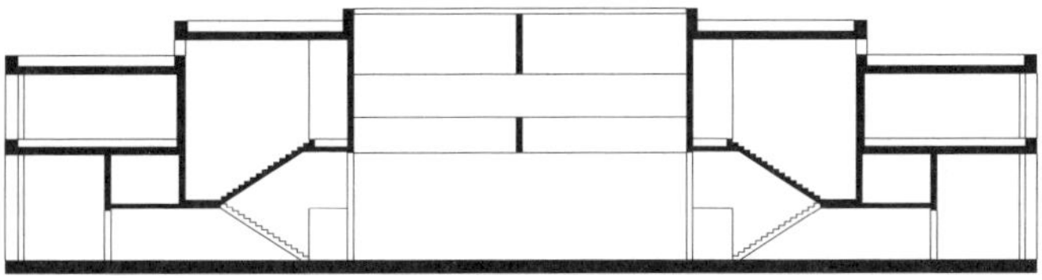

Querschnitt

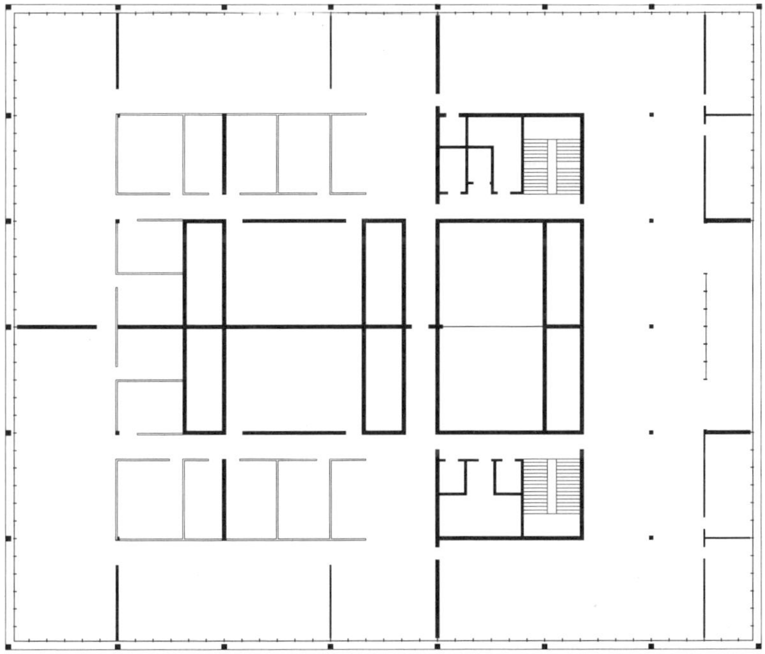

Regelgeschoss

Raumheizung Heizwärmebedarf

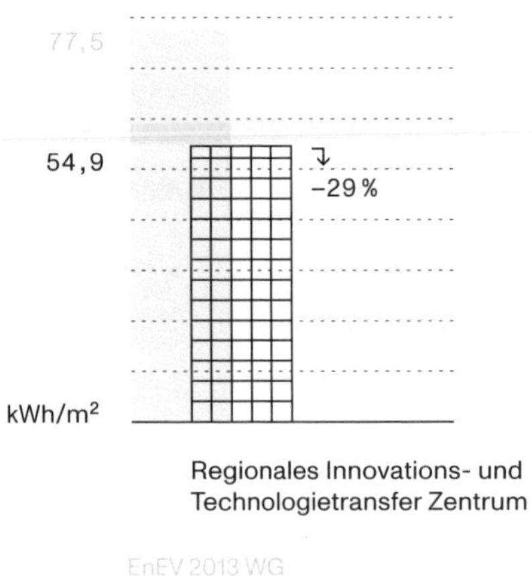

Gesamtenergiebedarf

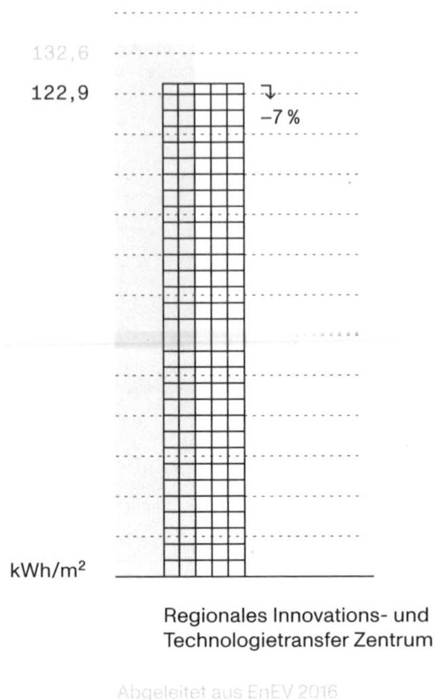

CO_2 Emissionen (Betrieb)

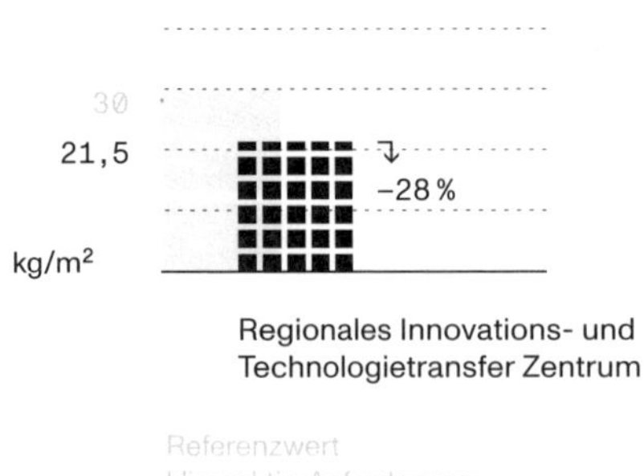

CO_2
Einsparung / Lebenszyklusbetrachtung*

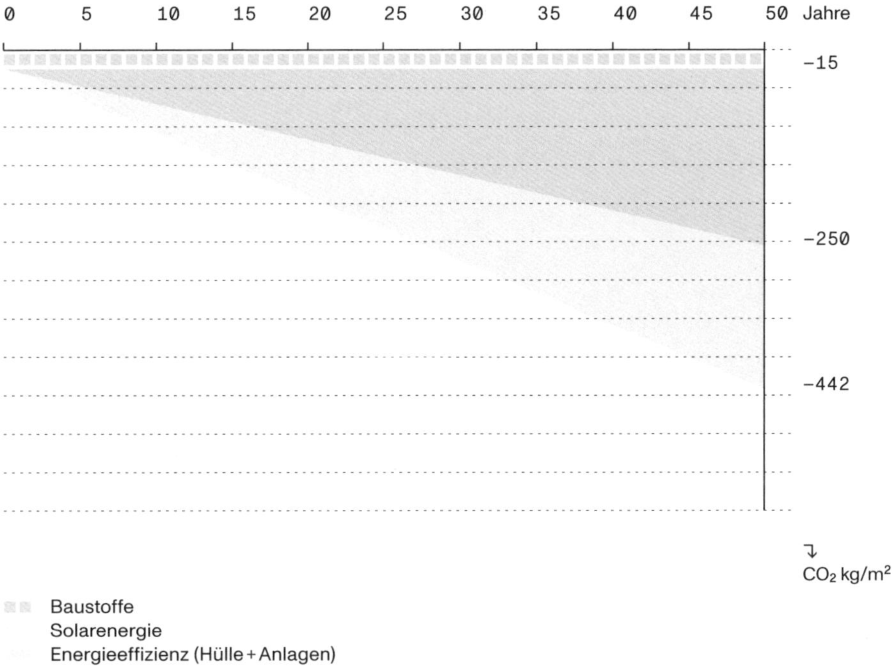

* bezogen auf klimaaktiv-Anforderung

Klimaschutzbeitrag nach 50 Jahren	CO_2 in kg/m²	CO_2 in kg gesamt
Baustoffe*	**-15**	**-61.730**
Solarenergie	**-235**	**-955.659**
Energieeffizienz**	**-191**	**-776.605**
	-442	**-1.793.994**

* gespeichertes CO_2
** Hülle + Anlagen

Am Südpark WA 1.1
München, DE

→ 108

Wettbewerb:	1. Preis
Adresse:	Boschetsrieder Straße 151–159 Eleonore-Romberg-Straße 2–22 81379 München
Bauherr:	GEWOFAG Holding GmbH
Planungsbeginn:	2016
Fertigstellung:	2020
Planung:	Baumschlager Hutter Partners
Projektleitung:	Oliver Kaps Diana Obermaier Francesca Fornasier
Grundstücksfläche:	14.459 m²
Bebaute Fläche:	12.411 m²
Nettofläche (Nutzfläche):	24.004 m²
Umbauter Raum:	145.706 m³

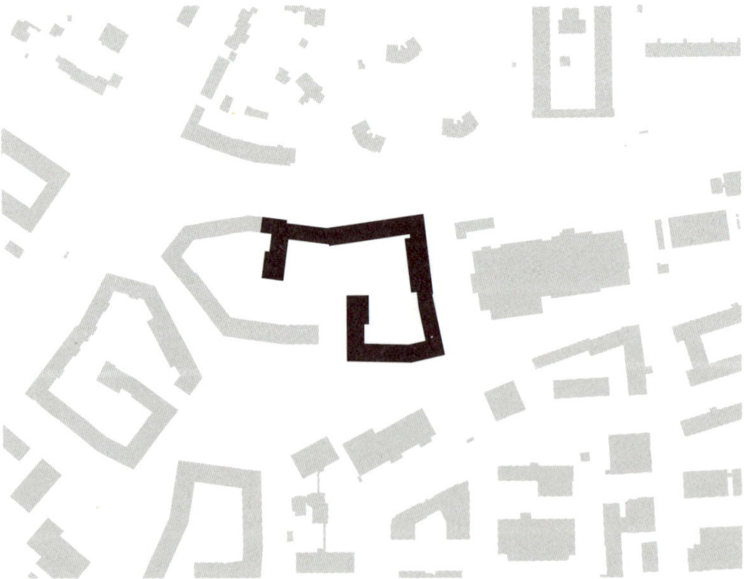

Nachhaltiges Wohnquartier mit sozialer Infrastruktur

Der Südpark liegt am südwestlichen Stadtrand Münchens. Obersendling war Teil der 2009 von der Stadt in Auftrag gegebenen Studie zur langfristigen Siedlungsentwicklung (LaSie), bei der es darum ging, neue Flächen für den zu erwartenden Wohnungsbedarf zu identifizieren und mögliche bauliche Entwicklungen in die Wege zu leiten. Dabei wurden Wachstumspotenziale nach den Kriterien der Nachverdichtung, Umstrukturierung und Entwicklung am Stadtrand untersucht und zwischenzeitlich mit positivem Ergebnis evaluiert. Mit dem Südpark ist nunmehr ein Projekt umgesetzt worden, das auf Basis unterschiedlicher Fördermodelle Wohnungen der städtischen Wohnungsbaugesellschaft GEWOFAG mit großzügiger sozialer Infrastruktur bietet.

Das zentrale Motiv des Projekts von Baumschlager Hutter Partners ist die Schaffung behaglicher Wohnverhältnisse durch differenzierte Wohnungs- und Erschließungstypologien, die sich zum zentralen Erholungsraum des Hofs orientieren und für eine Abschirmung der Schalleinwirkungen an der Boschetsrieder Straße sorgen. Diese Entwurfsstrategie setzt ein Maximum an Planungsvariabilität voraus, da die städtebaulichen Rahmenbedingungen nur wenig Gestaltungsspielraum zulassen. Sämtliche Hauseingänge befinden sich straßenseitig. Abhängig von Lage und Geschoss inkludieren die Erschließungstypologien neben dem Zwei-, Drei-, Vier- und Fünfspänner auch den Laubengang. Für eine bessere Vernetzung von Wohnen und Naherholung sind die Treppenhäuser im Erdgeschoss ebenfalls an den Innenhof angebunden. Darüber hinaus wurden die Freiräume auf Erdgeschossniveau durch begrünte Dachterrassen großzügig erweitert, von wo sich ein Blick auf die Alpen genießen lässt. Die klare Differenzierung zwischen Straßen- und Hofraum spiegelt sich auch in der Fassadengestaltung wider. So sind die Straßenseiten eher geschlossen, während sich die Wohnungen zum Hof mittels Loggien und Balkonen öffnen.

Die achtgeschossigen Gebäude wurden in massivem Ziegelmauerwerk mit hoher Schallschutzqualität ausgeführt, was in dieser Dimension ein Novum darstellt und den Münchner Anforderungen an energieoptimiertes Bauen entspricht.

Was die speziellen Ziele der sozialen Nachhaltigkeit betrifft, bietet das Projekt eine breite Palette unterschiedlichster Angebote und Konzepte für Kinder, Familien, ältere Menschen und Menschen mit Beeinträchtigung, die sich im Einzelnen wie folgt zusammensetzen:

- 6-gruppige Kindertagesstätte für Kinder im Alter von 0 bis 6 Jahren über 2 Geschosse mit Außenbereich

- Familienzentrum mit öffentlichem Café, Gruppenräume für Kinderbetreuung, Computerkurse für Erwachsene und Kinder, Kinderflohmarkt für Bedürftige aus der Nachbarschaft, Sprachkurse, Frauentreff mit großer Küche zum gemeinsamen Kochen, Hebammenkurse etc.

- ein Wohnheim (Flexiheim 1) für akut wohnungslose Menschen (Ein- und Zweipersonenhaushalte – ohne Kinder) mit Gemeinschaftsräumen und umfangreicher psychologischer Beratung und Betreuung

- ein Wohnheim (Flexiheim 2) für Menschen, deren Wohnungslosigkeit vorrangig durch den angespannten Münchner Mietmarkt verschuldet ist. Der auf das Notwendige beschränkte Privatbereich wird durch großzügige Gemeinschaftsräume, Küchen und Lagerflächen ergänzt, den sich mehrere Bewohner teilen.

- Nachbarschaftstreff am Quartiersplatz für das gesamte Quartier, betrieben von Quarter M (Gemeinnützige Gesellschaft für soziale Quartiersentwicklung).

- IWG (Integrative Wohngemeinschaft), bei der junge Menschen mit Beeinträchtigung zusammen mit Studierenden ohne Beeinträchtigung wohnen.

Diese Nutzungen stellen einen integralen Baustein des Gesamtkonzeptes dar. Die beiden Wohnheime verfügen jeweils über eine Dachterrasse für die Bewohnerinnen und Bewohner. In den Erdgeschossen befinden sich ein Foyer, Büros und Besprechungsräume für die Betreiber der Wohnheime.

Schlüsselfaktoren

- **Kompakter Baukörper und klimaschonende Energieversorgung**

- **Monolithische Ziegelbauweise mit wärmegedämmtem Ziegelstein über das gesamte Gebäude – kein Wärmedämmverbundsystem**

Ökologische Baustoffe

- Wärmegedämmter Ziegelstein mit Öko-Zertifikat und langer Lebensdauer
- Natursteinböden in den Treppenhäusern
- Eichenparkett in den Wohnungen
- Linoleum in den Sondernutzungsbereichen wie Wohnheim und Kindertagesstätte

Qualität der Gebäudehülle

- Der Wärmedurchgangskoeffizient (U-Wert) der Außenwand und Außendecke ist im Mittel um 25 % besser als der von Referenzgebäuden bzw. der von baugesetzlichen Mindestanforderungen.

Qualität der Fenster

- Für Fenster ist der U-Wert um rund 30 % besser.
- 3-Scheiben-Sonnenschutzverglasung bei den Sondernutzungen wie der Kindertagesstätte und dem Familienzentrum

Energieversorgung

- Fernwärme mit günstigen Ökofaktoren
- Der Referenzwert für den Endenergiebedarf wurde aus den Anforderungen für Primärenergie rückgerechnet und wird durch das Gebäude um 74 % unterschritten.

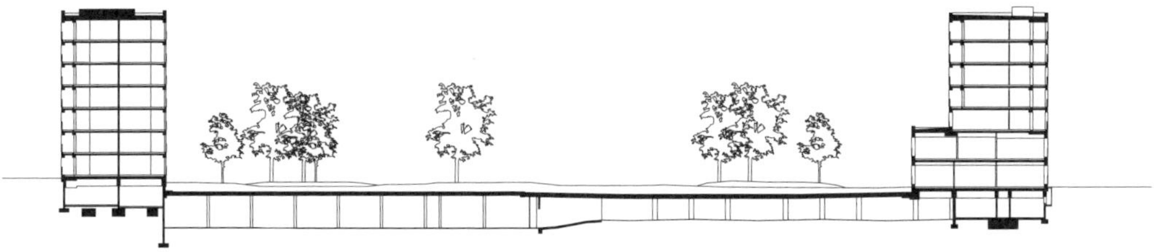

Schnitt

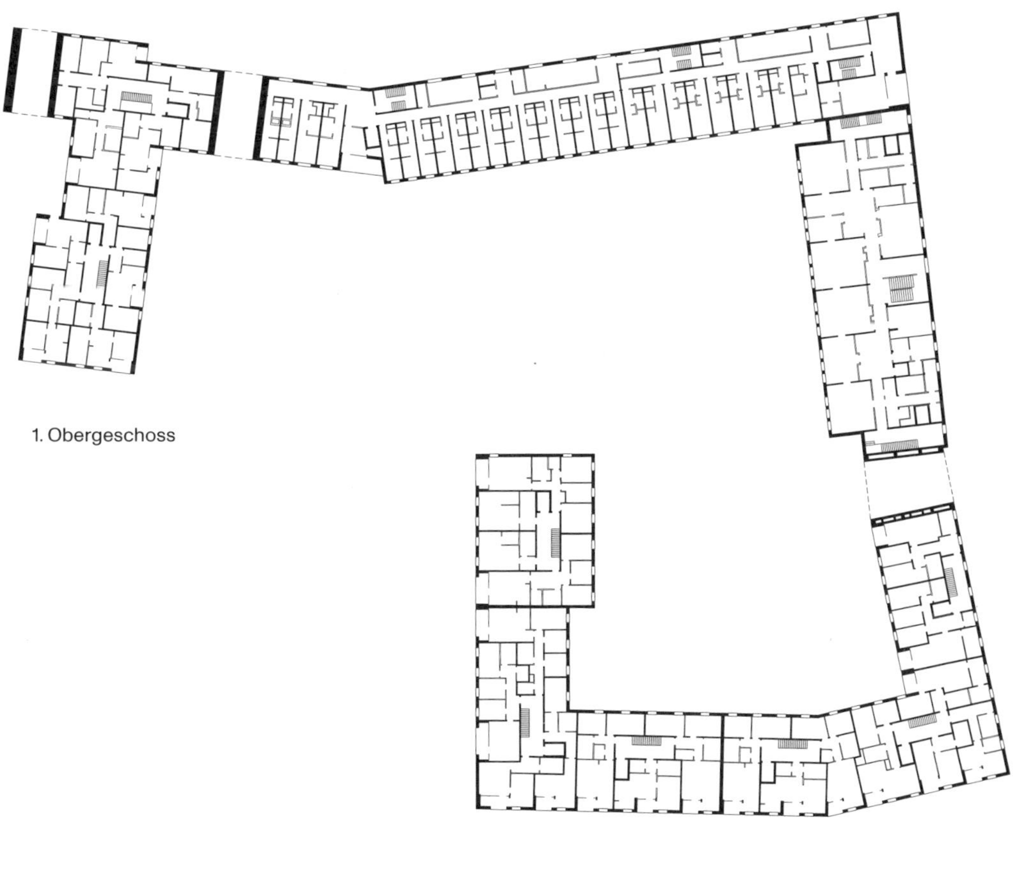

1. Obergeschoss

Raumheizung Transmissionsverlust

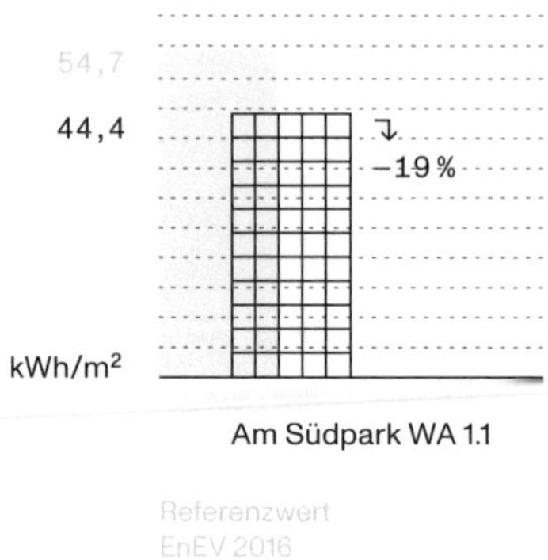

CO_2 Emissionen (Betrieb)

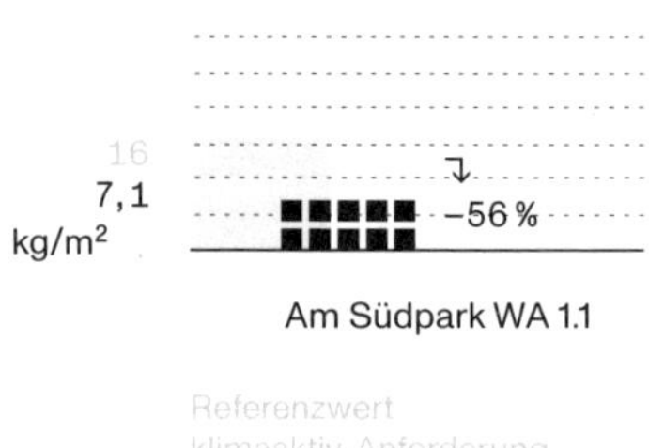

Gesamtenergie-bedarf

CO_2
Einsparung / Lebenszyklusbetrachtung*

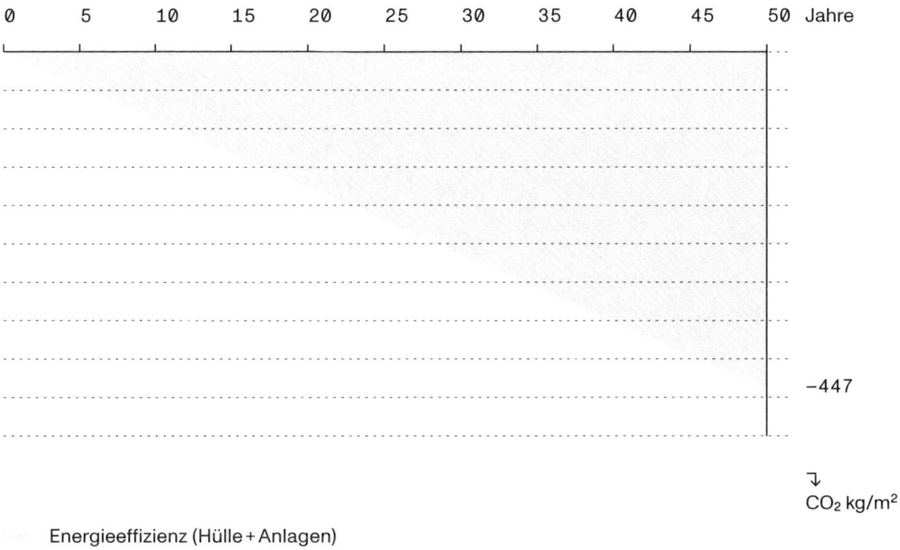

* bezogen auf klimaaktiv-Anforderung

Klimaschutzbeitrag nach 50 Jahren	CO_2 in kg/m²	CO_2 in kg gesamt
Energieeffizienz*	**−447**	**−13.311.648**

* Hülle + Anlagen

Energieeffizienz und Klimaschutz	Öko-Hauptschule Mäder, AT	Wohnen am Lohbach Innsbruck, AT
		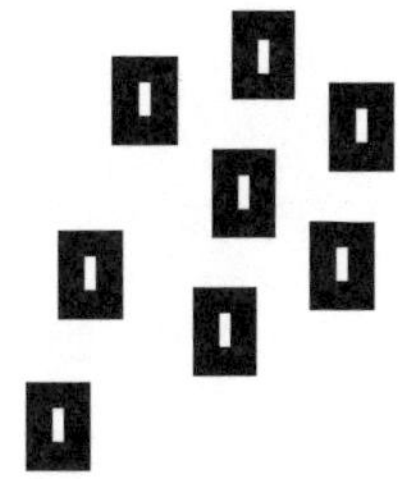
Geometrie	Nutzfläche: 3.728 m^2 Energiebezugsfläche: 6.681 m^2 Fläche der thermischen Gebäudehülle: 6.326 m^2 Beheiztes Brutto-Volumen: 23.171.340 m^3 Oberfläche-zu-Volumen-Verhältnis: 0,27	Nutzfläche: 21.500 m^2 Energiebezugsfläche: 24.700 m^2 Fläche der thermischen Gebäudehülle: 16.640 m^2 Beheiztes Brutto-Volumen: 112.000 m^3 Oberfläche-zu-Volumen-Verhältnis: 0,20
Raumheizung	Heizwärmebedarf (kWh/m^2a): 17 Referenzwert (kWh/m^2a): 60 Einsparung: –71 %	Heizwärmebedarf (kWh/m^2a): 20 Referenzwert (kWh/m^2a): 60 Einsparung: –67 %
Gesamtenergie	Gesamtenergiebedarf (kWh/m^2a): 27 Referenzwert (kWh/m^2a): 72 Einsparung: –63 %	Gesamtenergiebedarf (kWh/m^2a): 26 Referenzwert (kWh/m^2a): 91 Einsparung: –71 %
CO_2-Betriebsemissionen	CO_2-Betriebsemissionen (kg/m^2a): 3 Referenzwert (kg/m^2a): 30 Einsparung: –91 %	CO_2-Betriebsemissionen (kg/m^2a): 7 Referenzwert (kg/m^2a): 16 Einsparung: –55 %
Klimaschutzbeitrag in 50 Jahren	Eingesparte CO_2-Emissionen (kg/$m^2$50a): 1.370 Eingesparte CO_2-Emissionen (kg/50a): 9.150.445	Eingesparte CO_2-Emissionen (kg/$m^2$50a): 451 Eingesparte CO_2-Emissionen (kg/50a): 11.133.920

OeAD-Gästehaus
Wien, AT

Nutzfläche:
8.194 m²
Energiebezugsfläche:
10.527 m²
Fläche der thermischen Gebäudehülle:
6.472 m²
Beheiztes Brutto-Volumen:
31.996 m³
Oberfläche-zu-Volumen-Verhältnis:
0,2

Heizwärmebedarf (kWh/m²a):
7
Referenzwert (kWh/m²a):
35
Einsparung:
−79 %

Gesamtenergiebedarf (kWh/m²a):
28
Referenzwert (kWh/m²a):
92
Einsparung:
−70 %

CO_2-Betriebsemissionen (kg/m²a):
2
Referenzwert (kg/m²a):
16
Einsparung:
−88 %

Eingesparte CO_2-Emissionen (kg/m²50a):
721
Eingesparte CO_2-Emissionen (kg/50a):
7.591.659

Seestadt Aspern
Wien, AT

Nutzfläche:
9.022 m²
Energiebezugsfläche:
10.792 m²
Fläche der thermischen Gebäudehülle:
10.782 m²
Beheiztes Brutto-Volumen:
32.672 m³
Oberfläche-zu-Volumen-Verhältnis:
0,33

Heizwärmebedarf (kWh/m²a):
17
Referenzwert (kWh/m²a):
35
Einsparung:
−51 %

Gesamtenergiebedarf (kWh/m²a):
39
Referenzwert (kWh/m²a):
54
Einsparung:
−27 %

CO_2-Betriebsemissionen (kg/m²a):
11
Referenzwert (kg/m²a):
16
Einsparung:
−31 %

Eingesparte CO_2-Emissionen (kg/m²50a):
258
Eingesparte CO_2-Emissionen (kg/50a):
2.778.940

Wohnquartier am Neckarbogen
Heilbronn, DE

Nutzfläche:
1.471 m²
Energiebezugsfläche:
1.915 m²
Fläche der thermischen Gebäudehülle:
2.387 m²
Beheiztes Brutto-Volumen:
7.481 m³
Oberfläche-zu-Volumen-Verhältnis:
0,32

Transmissionsverlust (kWh/m²a):
41
Referenzwert (kWh/m²a):
53
Einsparung:
−22 %

Gesamtenergiebedarf (kWh/m²a):
48
Referenzwert (kWh/m²a):
152
Einsparung:
−68 %

CO_2-Betriebsemissionen (kg/m²a):
−4
Referenzwert (kg/m²a):
16
Einsparung:
−122 %

Eingesparte CO_2-Emissionen (kg/m²50a):
1.007
Eingesparte CO_2-Emissionen (kg/50a):
1.927.708

Schule am See
Hard, AT

Nutzfläche:
9.000 m²
Energiebezugsfläche:
13.153 m²
Fläche der thermischen Gebäudehülle:
19.889 m²
Beheiztes Brutto-Volumen:
64.544 m³
Oberfläche-zu-Volumen-Verhältnis:
0,31

Heizwärmebedarf (kWh/m²a):
13
Referenzwert (kWh/m²a):
50
Einsparung:
–74 %

Gesamtenergiebedarf (kWh/m²a):
82
Referenzwert (kWh/m²a):
145
Einsparung:
–43 %

CO_2-Betriebsemissionen (kg/m²a):
9
Referenzwert (kg/m²a):
30
Einsparung:
–70 %

Eingesparte CO_2-Emissionen (kg/m²50a):
1.123
Eingesparte CO_2-Emissionen (kg/50a):
14.770.370

Türkenwirtgebäude der Universität für Bodenkultur
Wien, AT

Nutzfläche:
3.275 m²
Energiebezugsfläche:
4.845 m²
Fläche der thermischen Gebäudehülle:
7.337 m²
Beheiztes Brutto-Volumen:
23.399 m³
Oberfläche-zu-Volumen-Verhältnis:
0,31

Heizwärmebedarf (kWh/m²a):
31
Referenzwert (kWh/m²a):
50
Einsparung:
–38 %

Gesamtenergiebedarf (kWh/m²a):
55
Referenzwert (kWh/m²a):
171
Einsparung:
–68 %

CO_2-Betriebsemissionen (kg/m²a):
15
Referenzwert (kg/m²a):
30
Einsparung:
–50 %

Eingesparte CO_2-Emissionen (kg/m²50a):
812
Eingesparte CO_2-Emissionen (kg/50a):
3.935.436

Haus A
Rankweil, AT

Nutzfläche:
134 m²
Energiebezugsfläche:
168 m²
Fläche der thermischen Gebäudehülle:
631 m²
Beheiztes Brutto-Volumen:
587 m³
Oberfläche-zu-Volumen-Verhältnis:
1,08

Heizwärmebedarf (kWh/m²a):
55
Referenzwert (kWh/m²a):
59
Einsparung:
–7 %

Gesamtenergiebedarf (kWh/m²a):
43
Referenzwert (kWh/m²a):
53
Einsparung:
–19 %

CO_2-Betriebsemissionen (kg/m²a):
9
Referenzwert (kg/m²a):
16
Einsparung:
–45 %

Eingesparte CO_2-Emissionen (kg/m²50a):
715
Eingesparte CO_2-Emissionen (kg/50a):
120.120

Regionales Innovations- und Technologietransfer Zentrum (RITZ) Friedrichshafen, DE

Nutzfläche:
3.249 m²
Energiebezugsfläche:
4.061 m²
Fläche der thermischen Gebäudehülle:
6.821 m²
Beheiztes Brutto-Volumen:
21.013 m³
Oberfläche-zu-Volumen-Verhältnis:
0,32

Transmissionsverlust (kWh/m²a):
55
Referenzwert (kWh/m²a):
78
Einsparung:
–29 %

Gesamtenergiebedarf (kWh/m²a):
123
Referenzwert (kWh/m²a):
133
Einsparung:
–7 %

CO_2-Betriebsemissionen (kg/m²a):
21
Referenzwert (kg/m²a):
30
Einsparung:
–28 %

Eingesparte CO_2-Emissionen (kg/m²50a):
442
Eingesparte CO_2-Emissionen (kg/50a):
1.793.994

Am Südpark WA 1.1 München, DE

Nutzfläche:
23.816 m²
Energiebezugsfläche:
29.770 m²
Fläche der thermischen Gebäudehülle:
31.895 m²
Beheiztes Brutto-Volumen:
102.904 m³
Oberfläche-zu-Volumen-Verhältnis:
0,31

Transmissionsverlust (kWh/m²a):
44
Referenzwert (kWh/m²a):
55
Einsparung:
–19 %

Gesamtenergiebedarf (kWh/m²a):
74
Referenzwert (kWh/m²a):
285
Einsparung:
–74 %

CO_2-Betriebsemissionen (kg/m²a):
7
Referenzwert (kg/m²a):
16
Einsparung:
–56 %

Eingesparte CO_2-Emissionen (kg/m²50a):
447
Eingesparte CO_2-Emissionen (kg/50a):
13.311.648

Glossar

B

Bandbegleitheizung
Die Bandbegleitheizung wird in einigen wenigen Gebäuden (meist Wohnhausanlagen) für die Warmwasseranlage genutzt. Die Motivation dahinter ist die Einsparung einer Zirkulationsleitung und damit die Einsparung von Wärmeverteilverlusten. Stattdessen besteht lediglich ein Rohr für die Warmwasserverteilung, wobei die parallel verlegte elektrische Bandbegleitheizung für das hygienisch erforderliche Temperaturniveau sorgt. Nachteil dieses Konzepts ist der hohe Strombedarf.

Bauordnung
Dieser Begriff umfasst die rechtlichen Rahmenbedingungen und im Speziellen die energiebezogenen Anforderungswerte für Gebäude. Für Gebäude in Deutschland ist dies die *Energieeinsparverordnung (EnEV)* und in Österreich die *OIB Richtlinie 6*.

Betonkernaktivierung
Die Betonkernaktivierung wird auch als thermische Bauteilaktivierung oder thermoaktive Bauteilsysteme (TABS) bezeichnet und zählt zu den Flächenheiz- bzw. Flächenkühlsystemen. Die Betonbauteile der Tragkonstruktion dienen zur Speicherung und Abgabe von Wärme und Kälte. Dazu werden vor dem Betonieren wasserführende Rohrleitungen eingesetzt. Wesentliche Vorteile hinsichtlich Energieeffizienz sind der Selbstregeleffekt für die Wärmeabgabe und die niedrige Temperaturspreizung zwischen Vorlauf und Rücklauf mit dem damit verbundenen hohen Wirkungsgrad der Heiz- und Kühlanlage sowie den geringen Verteilverlusten. [10]

Blockheizkraftwerk (BHKW)
Ein BHKW erzeugt Wärme und elektrische Energie mit hohem Wirkungsgrad und wird je nach Größe für die Energieversorgung eines Gebäudes oder eines Quartiers (Nahwärmenetz) eingesetzt. Zum Einsatz kommen meistens Otto-, Diesel-, oder Stirlingmotoren, welche auch mit biogenen Kraftstoffen betrieben werden können (Pflanzenöl, Biodiesel, Biogas, Holzpellets, Hackschnitzel). Bio-BHKW werden für die Erreichung des *Plusenergiestandards* eingesetzt, wobei die erzeugte Wärme den benötigten Bedarf deckt (wärmegeführte Anlage) und für die erzeugte elektrische Energie aufgrund der ersetzten nicht erneuerbaren Energieträger für die nationale Stromversorgung eine Gutschrift erzielt wird.

C

CO_2-Betriebsemissionen
Entspricht der Menge an Treibhausgasen, welche dem *Gesamtenergiebedarf* zuzurechnen sind, inklusive aller Vorketten, d. h. von der Rohstoffgewinnung der Energieträger über Umwandlungsprozesse bis Transport und Anlieferung inklusive aller Hilfsstoffe und Verluste. In den Diagrammen werden die CO_2-Betriebsemissionen aller Gebäude im Vergleich zu den österreichischen *klimaaktiv-Anforderungen* dargestellt. Für Gebäude aus Deutschland wurde für diese Gegenüberstellung der Gesamtenergiebedarf mit österreichischen Treibhausgasfaktoren umgerechnet und auch der Treibhausgasanteil für den Betriebsstrom der Nutzerausstattung mitberücksichtigt.

CO_2-Lebenszyklusbetrachtung
Im Gegensatz zu den anderen Diagrammen zeigen die CO_2-Lebenszyklusbetrachtungen nicht die Ist- und Zielwerte, sondern allein die Einsparung im Vergleich mit den *klimaaktiv-Anforderungen*. Die Darstellung umfasst neben den

CO_2-Betriebsemissionen auch die Baustoffe, wobei nicht der gesamte Lebenszyklus, sondern nur ausgewählte Phasen berücksichtigt wurden. Die Auswahl wurde bewusst auf jene Aspekte gelegt, die durch das Planerteam beeinflussbar sind, und umfasst biogene Baumaterialien. Dargestellt wurde das inkorporierte CO_2 (gemäß [5] und [6]), das im Zuge des Wachstums der pflanzlichen Rohstoffe aus der Atmosphäre aufgenommen wurde und während der Nutzung im Gebäude bzw. Baustoff gespeichert bleibt. Die Lebenszyklusphase nach der Nutzung wurde nicht betrachtet bzw. es wurde angenommen, dass diese hochwertigen Gebäude eine lange Lebensdauer aufweisen und dass die Recyclingprozesse in ferner Zukunft eine stoffliche Verwertung der Materialien ermöglichen. Ausgeklammert aus der Betrachtung sind andere, nicht biogene Baumaterialien und auch die Substitution konventioneller Baumaterialien durch biogene.

E

Energiebezugsfläche (EBF)	In Österreich ist die EBF die konditionierte Brutto-Grundfläche, in Deutschland ist es für Nicht-Wohngebäude die konditionierte Netto-Grundfläche und für Wohngebäude die Gebäudenutzfläche. Letztere wird durch das konditionierte Brutto-Raumvolumen multipliziert mit Faktor 0,32 berechnet.
Endenergiebedarf	Der Endenergiebedarf entspricht der Energiemenge, die von Energieversorgern zu liefern ist, d. h., Solarerträge und Erdwärmeerträge sind bereits abgezogen. Der Begriff Endenergiebedarf wird in der österreichischen *Bauordnung (OIB Richtlinie 6)* verwendet. In den Diagrammen wird der Endenergiebedarf als *Gesamtenergiebedarf* bezeichnet, da es sich um die gesamte zu liefernde Energiemenge für den Betrieb des Gebäudes handelt.
Energieeffiziente Gebäudehülle	Eine energieeffiziente Gebäudehülle ist grundsätzlich der erste und wichtigste Ansatzpunkt für energieeffizientes Bauen. Kriterien sind hierbei Kompaktheit (Oberflächen-Volums-Verhältnis), Fensterflächenanteil, U-Werte und konstruktive sowie mobile Verschattungselemente.
Energieeffiziente Gebäudetechnik	Energieeffiziente Gebäudetechnik zeichnet sich durch einen hohen Wirkungsgrad und niedrige Verluste aus (siehe auch [13]). Für die Heiz- und Kühlanlagen kann dies erreicht werden, wenn lediglich geringe Temperaturspreizungen erforderlich sind, beispielsweise bei *Betonkernaktivierung*. Für Lüftungsanlagen besteht das Ziel einer hohen Wärmerückgewinnung und einer kompakten Verteilanlage mit geringen Druckverlusten. Letzteres kann durch geringe Luftgeschwindigkeiten und optimierte Lüftungseinbauten erreicht werden.
Energieeinsparverordnung (EnEV)	Enthält u. a. folgende Anforderungswerte für Gebäude in Deutschland: *Nicht erneuerbarer Primärenergiebedarf, Transmissionswärmeverlust, U-Werte*. Die erste EnEV trat 2002 in Kraft [2] und wurde mehrmals aktualisiert. Seit Ende 2020 wurde die EnEV durch das Gebäudeenergiegesetz (GEG) abgelöst.

F

Fernwärme	Fernwärme wird hauptsächlich durch Heizkraftwerke aus fossilen Energieträgern erzeugt. Weitere Energieerzeuger in Fernwärmenetzen sind reine Heizwerke (zur Abdeckung von Spitzenlasten), biogene Heizkraftwerke, Müllverbrennungsanlagen, industrielle Abwärme und manchmal auch Solarthermie

und Geothermie. Für die Berechnung der CO_2-Emissionen aus Heizkraftwerken bestehen unterschiedliche Ansätze. Die Energieausweise gemäß *Bauordnung* basieren auf der Stromgutschriftmethode [8], welche den gemeinsam mit der Fernwärme erzeugten Strom als CO_2-Gutschrift berücksichtigt. Dabei wird angenommen, dass durch die Fernwärmeproduktion fossile Energieträger für die nationale Stromversorgung ersetzt werden. Diese Berechnungsmethode bewirkt relativ niedrige CO_2-Emissionen (und auch niedrigen nicht erneuerbaren Primärenergiebedarf), daher schneiden fernwärmeversorgte Gebäude im Vergleich zu den *klimaaktiv-Anforderungen* generell sehr gut ab.

Free-Cooling

Als Free-Cooling wird die Raumkühlung ohne Kältemaschine bezeichnet. Als Kältequelle dienen Geothermie, Grundwasser, Flusswasser oder die Außenluft. Dieses Konzept wird häufig für die Übergangsperiode oder für die Abdeckung von Grundlasten eingesetzt, da die Abdeckung von Spitzenlasten in Hitzeperioden eine Überdimensionierung der Anlagen zufolge hätte. Besonders effizient ist die Kombination mit einer *Betonkernaktivierung* aufgrund der günstigen Vorlauftemperaturen.

G

Geothermie

Oberflächennahe Geothermie zählt zu den regenerativen Energiequellen und wird durch Solareinstrahlung gespeist. Mittels Erdwärmekollektoren, Erdwärmesonden oder Energiepfählen wird Geothermie als Wärmequelle oder Kältequelle für die Gebäudeheizung und -kühlung genutzt, üblicherweise in Kombination mit einer Wärmepumpe und Kompressionskältemaschine. In Übergangsperioden kann die Kühlung auch direkt ohne zusätzliche Anlagen (außer Pumpen) erfolgen, dies wird als Geo-Cooling oder *Free-Cooling* bezeichnet.

Gesamtenergiebedarf

Der Gesamtenergiebedarf entspricht dem *Endenergiebedarf* der zu liefernden Energie. Für Gebäude aus Österreich und Deutschland gelten unterschiedliche Anforderungen an den Gesamtenergiebedarf. In Österreich werden die Anforderungen entweder direkt vorgegeben oder indirekt über den *Gesamtenergieeffizienzfaktor* festgelegt. In Deutschland gelten Anforderungen für den *nicht erneuerbaren Primärenergiebedarf,* welche für die Diagramme auf Endenergie umgerechnet wurden, wobei der Energieträger-Mix der Ist-Werte berücksichtigt wurde. Der Energiebedarf für die Nutzerausstattung bleibt dabei unberücksichtigt, im Gegensatz zu Gebäuden aus Österreich.

Gesamtenergieeffizienzfaktor

Der Gesamtenergieeffizienzfaktor ist der Quotient aus dem Ist-Wert des *Endenergiebedarfs* dividiert durch den Referenz-Endenergiebedarf, welcher den Anforderungen der österreichischen *Bauordnung* 2007 entspricht.

H

Heizwärmebedarf (HWB)

Entspricht der Wärmemenge, die von den Heizkörpern an den Raum abgegeben werden muss, um die Norm-Solltemperatur einzuhalten. Er ist eine Kennzahl für die Energieeffizienz der Gebäudehülle und des Baukörpers. Der HWB ist die Summe aus *Transmissionswärmeverlusten* und Lüftungswärmeverlusten abzüglich interner Gewinne und solarer Gewinne. In den Diagrammen der Gebäude aus Österreich wird der Anforderungswert der Bauordnung dargestellt (Referenz-HWB laut *OIB Richtlinie 6,* Nachweisweg Gesamtenergieeffizienzfaktor), welcher allfällige Erträge aus der Wärmerückgewinnung von Lüftungsanlagen nicht inkludiert. Für Gebäude nach deutscher Bauordnung *(EnEV)* besteht kein Anforderungswert für den *HWB*, sondern nur für Transmissionswärmeverluste. In den Diagrammen der Gebäude aus Deutschland wurde der Transmissionswärmeverlust pro *Energiebezugsfläche* dargestellt.

K

klimaaktiv-Anforderungen
Die Diagramme der *CO_2-Betriebsemissionen* zeigen die Einsparung bzw. den Klimaschutzbeitrag gegenüber den Mindestanforderungen der klimaaktiv-Kriterien. klimaaktiv ist die Klimaschutzinitiative der österreichischen Bundesregierung und existiert seit 2004. Für die Bewertung von Gebäuden bestehen Kriterienkataloge, ein Punktesystem und eine Einstufung in die Kategorien Gold, Silber und Bronze. Die Mindestanforderungen für eine Auszeichnung werden in den klimaaktiv-Basiskriterien [3] festgelegt, die als Referenzwerte für die Diagramme herangezogen wurden.

Kompaktlüftungsgerät
Ein Kompaktlüftungsgerät (auch Lüftungskompaktgerät) ist eine kompakte dezentrale Lüftungsanlage mit integrierter Wärmepumpe und Warmwasserspeicher.

L

Lüftungswärmeverluste
Wärmemenge, die durch Fensterlüftung und Lüftungsanlagen an die Umgebung abgegeben wird.

N

Nicht erneuerbarer Primärenergiebedarf
Entspricht dem Energieinhalt aller nicht erneuerbaren Energieträger: Erdgas, Erdöl (Rohöl) und nukleare Rohstoffe für Kernreaktoren. Diese Kennzahl berücksichtigt sämtliche Vorketten des *Gesamtenergiebedarfs* des Gebäudes, d. h. von der Rohstoffgewinnung der Energieträger über Umwandlungsprozesse bis Transport und Anlieferung inklusive aller Hilfsstoffe und Verluste.

O

ÖGNI
Die Österreichische Gesellschaft für Nachhaltige Immobilienwirtschaft (ÖGNI) zertifiziert Bauprojekte nach dem System der Deutschen Gesellschaft für Nachhaltiges Bauen (DGNB), das auf europäischen Normen für die Bewertung von nachhaltigen Gebäuden [11] und auf dem *Leitfaden für Nachhaltiges Bauen* [12] basiert.

OIB Richtlinie 6
Die Richtlinie 6 *Energieeinsparung und Wärmeschutz* des Österreichischen Instituts für Bautechnik (OIB) ist eine von sechs Richtlinien, die als Grundlage für die Umsetzung der Bauordnung in den Bundesländern herangezogen werden. Die Richtlinie enthält u. a. folgende Kriterien für Gebäude: *Endenergiebedarf, Gesamtenergieeffizienzfaktor, Heizwärmebedarf, U-Werte*. Die erste *OIB Richtlinie 6* erschien 2007 und wurde seitdem mehrmals aktualisiert. [1]

P

Plusenergiestandard, Plusenergiegebäude
Inhaltlich ähnliche Begriffe sind Nullenergiehaus, Zero-Energy-Building, Net-*Zero-Energy-Buidling* oder Zero-Carbon-Building. Ein Plusenergiegebäude erzeugt mehr Energie am Standort als es verbraucht. Für diese Energiebilanz wird jedoch im Allgemeinen nicht die gelieferte und die erzeugte Energie gegenübergestellt, sondern beide Werte auf nicht erneuerbare Primärenergie umgerechnet. Das heißt, der nicht erneuerbare Primärenergiebedarf der gelieferten Energie muss niedriger sein als die Gutschrift für die erzeugte Energie (Solarertrag,

Geothermieertrag, Bio-Blockheizkraftwerk etc.). Diese Gutschrift ergibt sich aus der Menge an nicht erneuerbaren Energieträgern, die ersetzt werden können. Es existieren mehrere Definitionen für Plusenergiegebäude, die sich durch die Größe des Bilanzrahmens unterscheiden.
Die Unterschiede liegen meistens in der Berücksichtigung des Endenergiebedarfs für die Beleuchtung und für die Nutzerausstattung sowie der nicht erneuerbare Primärenergiebedarf der Baustoffe und der Mobilität.

R

Referenzwert

Die Diagramme der Energiekennzahlen (*Heizwärmebedarf* und *Gesamtenergiebedarf*) zeigen die Effizienzsteigerung bzw. Einsparung gegenüber einem Referenzgebäude im jeweiligen zeitlichen und räumlichen Kontext. Im Allgemeinen entspricht das Referenzgebäude der jeweils gültigen Bauordnung (*OIB Richtlinie 6* bzw. *Energieeinsparverordnung*). Bei einigen älteren Gebäuden waren diese Referenzwerte in den Bauordnungen noch nicht enthalten und daher wurden für diese Gebäude vergleichbare Dokumente herangezogen: Monitoringprojekt Studentenheime [4], Target values D-A-CH [5], Wohnbauförderung Art. 15a BV-G [6]. Die Referenzwerte der Energiekennzahlen bilden den Maßstab für die jeweiligen Gebäude, sind aber unter einander nicht vergleichbar.

S

Schadstoffarme Baustoffe

Ziel ist eine gesunde Raumluftqualität, welche durch Vermeidung von Lösemitteln und anderen potenziell schädigenden Stoffen (SVHC, PVC etc.) erreicht werden soll.

Smart Grid

Als Smart Grid wird eine optimierte und kommunizierende Vernetzung von Strom-erzeugern, -speichern und -verbrauchern bezeichnet. Einerseits sollen zeitlich und räumlich variierende Anteile der Stromerzeugung (z. B. durch Windkraftwerke und Solaranlagen) im Netz ausgeglichen werden, andererseits soll auch der Bedarf zu einem gewissen Anteil gesteuert werden, um Lastspitzen zu mindern oder diese in günstige Erzeugungszeiträume zu verschieben.

Solarthermie

Solarthermieanlagen werden häufig zur Warmwasserbereitung mit einem Deckungsgrad von 50–70 % des Bedarfs, aber auch zur Raumheizungsunterstützung mit einem Deckungsgrad von ca. 20–30 % des Gesamtbedarfs eingesetzt. Höhere Deckungsgrade sind erzielbar bei energieeffizienter Gebäudehülle und bei niedrigen Vorlauftemperaturen wie beispielsweise für eine *Betonkernaktivierung*.

T

Transmissionswärmeverlust

Wärmemenge, die durch Wärmeleitung durch die Bauteile der Gebäudehülle an die Umgebung abgegeben wird.

U

U-Wert (Wärmedurchgangskoeffizient)

Kennzahl für die Wärmeleitung eines Bauteiles.
Für diese Kennzahl gelten gesetzlich vorgeschriebene Mindestanforderungen.

Z

Zero-Carbon-Building

Wird auch als Carbon-Neutral-Building oder Zero-Emission-Building bezeichnet und ist von der Begriffsdefinition dem *Plusenergiegebäude* sehr ähnlich. Die CO_2-Emissionen eines Zero-Carbon-Buildings liegen auf demselben Niveau wie die CO_2-Gutschriften für die vor Ort erzeugte Energie. Diese Gutschriften ergeben sich aus der Menge an fossilen Energieträgern, die ersetzt werden können.

Quellennachweise

1 *OIB Richtlinie 6*, Energieeinsparung und Wärmeschutz. 2007. Österreichisches Institut für Bautechnik (OIB), Novellierungen 2011, 2015 und 2019.

2 BGBl. I, 2001, Nr. 59, S. 3085, ausgegeben am 21.11.2001. Verordnung über energiesparenden Wärmeschutz und energiesparende Anlagentechnik bei Gebäuden (Energieeinsparverordnung – EnEV). Novellierungen 2004, 2007, 2009 und 2014.

3 Klimaaktiv-Basiskriterien 2017. Bundesministerium für Nachhaltigkeit und Tourismus, Wien. 2. Auflage, 31.01.2018.

4 Nachhaltigkeits-Monitoring des Passivhaus-Studentenheims Molkereistraße. Projekt NaMoMo. 2008. Smutny, R., Treberspurg, M., Oberhuber, A., MA50 – Wiener Wohnbauforschung.

5 BGBl. II, Nr. 19/2006. Vereinbarung gemäß Art. 15a B-VG zwischen dem Bund und den Ländern über gemeinsame Qualitätsstandards für die Förderung der Errichtung und Sanierung von Wohngebäuden zum Zweck der Reduktion des Ausstoßes an Treibhausgasen

6 Target values D-A-CH. Repräsentative Vergleichswerte für konventionelle Gebäude in Deutschland, Österreich und der Schweiz. Generalplanerteam Schule Mäder (1996) und Wohnhausanlage Lohbach-I (Baujahr 2000).

7 EN 16449:2014 03. Holz- und Holzprodukte – Berechnung der Speicherung atmosphärischen Kohlenstoff-Dioxids. CEN TC 175.

8 Baubook Datenbank. https://www.baubook.at/. Baubook GmbH. Daten zu biogenem CO_2. abgerufen 03.05.2021

9 EN 15316-4-5:2017. Energetische Bewertung von Gebäuden – Verfahren zur Berechnung der Energieanforderungen und Nutzungsgrade der Anlagen – Teil 4–5: Fernwärme und Fernkälte.

10 Energiespeicher Beton. Thermische Bauteilaktivierung. 2016. Friembichler, F., Handler, S., Kreč, K., Kuster, H., Hrsg. Bundesministerium für Verkehr, Innovation und Technologie, Wien. Programm Stadt der Zukunft.

11 EN 15643-1:2010, Bewertung der Nachhaltigkeit von Gebäuden – Allgemeine Rahmenbedingungen.

12 Leitfaden Nachhaltiges Bauen. Zukunftsfähiges Planen, Bauen und Betreiben von Gebäuden. 2019. Hrsg. Bundesministerium des Innern, für Bau und Heimat, Berlin.

13 Nachhaltige Gebäudetechnik. Grundlagen, Systeme, Konzepte. 2010. Lenz, B., Schreiber, J., Stark, T., Detail Green Books, München

Über Bauschlager Hutter Partners

Zusammenkommen ist der Anfang, Zusammenarbeiten der Erfolg.

Baumschlager Hutter Partners ist 2010 von den international renommierten Architekten Carlo Baumschlager und Jesco Hutter gemeinsam mit Miriam Seiler und Oliver Baldauf gegründet und 2014 durch Norbert Eisenbart als Gesellschafter erweitert worden.

Statement

Mittlerweile bearbeiten wir an sechs Bürostandorten in Dornbirn und Wien (AT), München (DE), Zürich, Heerbrugg und St. Gallen (CH) Projekte weltweit. Wir sind offen für die Welt, für Neues. Uns interessiert, wie wir die Zukunft unserer Städte und Dörfer mitgestalten können, uns interessiert aber auch der Umgang mit unserem baukulturellen Erbe, unserer Umgebung. Wir setzen auf die Weitergabe von Wissen und auf Austausch, in der Lehre, bei Vorträgen, in Diskussionen. Unser Fundament ist das gemeinsame Wissen, das sich aus der langjährigen Zusammenarbeit speist – und der Erfahrung aus über 300 realisierten Bauten: Wohnbauten, Infrastrukturgebäude, Krankenhäuser, Projekte für Hotellerie und Gastronomie sowie Büro- und Gewerbebauten. In unserem Büro treffen mehrere Generationen von Architektinnen und Architekten aufeinander – Erfahrung trifft auf Innovationskraft; bei allen ist auch Neugierde und Leidenschaft dabei. Im Miteinander aller Beteiligten, im ständigen Austausch sind wir Ideengeber mit Erfahrung und großer Freude am Tun.

Biografien

Carlo Baumschlager (* 1956)

- 1974–1975 Design-Volontariat bei BBC Bregenz, Österreich
- 1975–1982 Studium Industrie-Design (Hans Hollein) und Architektur (Wilhelm Holzbauer, Oswald M. Ungers, Richard Buckminster Fuller) an der Hochschule für angewandte Kunst in Wien, Diplom bei Wilhelm Holzbauer
- 1982–1984 Selbstständiger Baukünstler in Vorarlberg, Österreich
- 1984–1985 Arbeitsgemeinschaft Baumschlager-Eberle-Egger in Lochau, Österreich
- 1985–2010 Arbeitsgemeinschaft und Büro mit Dietmar Eberle mit Standorten weltweit
- seit 2010 Geschäftsführender Gesellschafter im Büro Baumschlager Hutter Partners

Jesco Hutter (* 1968)

- 1984–1988 Ausbildung zum Hochbauzeichner
- 1994 Studium an der Liechtensteinischen Hochschule, Diplom 1994
- 1992 Bürogründung Eicher Hutter, Diepoldsau, Schweiz
- 2000 Bürogründung Novaron, Diepoldsau, Schweiz
- 2007 Neugründung suum architects, Widnau, Schweiz
- 2007–2009 Projektleiter Entwurf bei Baumschlager Eberle, Lochau, Österreich
- seit 2010 Geschäftsführender Gesellschafter im Büro Baumschlager Hutter Partners

Miriam Seiler (* 1970)

- 1990–1991 Studium an der Universität Basel Phil I, Schweiz
- 1992–1993 Studium EPF Lausanne, Schweiz
- 1994–2000 Studium ETH Zürich – Diplom, Schweiz
- 2000–2002 Projektleiterin bei Blue Architects, Zürich, Schweiz/ Amsterdam, Niederlande
- 2002–2005 Partnerin bei Blue Architects, Zürich/Amsterdam mit Projekten in der Schweiz, den Niederlanden, Frankreich und den Vereinigten Staaten
- 2002–2005 Lehrtätigkeit am Lehrstuhl von Prof. Dietmar Eberle an der ETH Zürich, Schweiz
- 2005–2010 Projektleitung bei Baumschlager Eberle mit Projekten in der Schweiz, China, Tschechien, Rumänien, Österreich
- seit 2010 Partnerin bei Baumschlager Hutter Partners, Standortleitung Zürich

Oliver Baldauf (* 1969)

- 1987–1989 Ausbildung zum Bauzeichner
- 1991–1997 Studium der Architektur an der FH Augsburg, Deutschland
- 1997–1998 Freier Mitarbeiter im Büro Baumschlager Eberle, Lochau, Österreich
- 1998–2000 Gesellschafter im Planungs- und Gestaltungsbüro Baldauf & Fischer, Baienfurt, Baden-Württemberg, Deutschland
- 2008 Intensivstudium für Führungskräfte in Klein- und Mittelunternehmen an der Hochschule St. Gallen, Schweiz
- 2000–2010 Freier Mitarbeiter im Büro Baumschlager Eberle, Lochau, Österreich
- seit 2010 Partner bei Baumschlager Hutter Partners, Standortleitung Dornbirn

Norbert Eisenbart (* 1953)

- 1969–1973 Ausbildung zum Hochbauzeichner
- 1977–1980 Ausbildung Architekt HTL in Winterthur, Schweiz
- 1984–2004 Architekturbüro Eisenbart + Bucher, St. Margrethen, Schweiz
- 2005–2010 Projekt- und Bauleiter bei Novaron, Diepoldsau, Schweiz
- 2011 Projekt- und Bauleiter Baumschlager Hutter Partners, Heerbrugg, Schweiz
- seit 2014 Partner bei Baumschlager Hutter Partners, Heerbrugg, Schweiz
- Mitglied im BSA Bund Schweizer Architekten
- Mitglied im SWB Schweizerischer Werkbund

Energieeffizienz- und Klimaschutzberechnungen

Roman Smutny hat Bauingenieurwesen an der TU Wien, Studienzweig Wasser und Umwelt studiert und 1998 mit seiner Diplomarbeit im Fachgebiet Ökobilanzierung abgeschlossen. Ausbildung zum Energieberater und DGNB-Auditor/ÖGNI-Auditor. Arbeitsschwerpunkte: energieeffizienter Neubau und Sanierungen, Energieausweisberechnung, Energiemonitoring, ökologische Baustoffe, Lebenszyklusbewertung, nachhaltiges Bauen. Derzeit tätig für die Abteilung Bau- und Projektmanagement der Universität für Bodenkultur Wien.

Herausgeber

Wolfgang Fiel hat in Wien und London Architektur studiert und 2012 an der Universität von Plymouth/UK in Politischer Theorie promoviert. Er ist Mitglied des Künstlerkollektivs tat ort sowie Gründer und Leiter der strategischen Design-Beratung Institute for cultural policy in Wien, wo er aktuell an der Universität für angewandte Kunst unterrichtet.

Impressum

Coming Full Circle
Nachhaltige Architektur von Baumschlager Hutter Partners

Herausgeber:
Wolfgang Fiel

Autoren:
Carlo Baumschlager, Klaus Daniels, Wolfgang Fiel, Roman Smutny

Redaktion:
Wolfgang Fiel

Acquisitions Editor:
David Marold, Birkhäuser Verlag, A-Wien

Content & Production Editor:
Bettina R. Algieri, Birkhäuser Verlag, A-Wien

Gestaltung:
grafisches Büro, A-Wien

Korrektorat:
Hilke Bemm, D-Neusäß

Bildbearbeitung:
Pixelstorm, A-Wien

Schriften:
Monument Grotesk, Rosart

Papier:
Starkraft, Munken Print

Druck:
Holzhausen, die Buchmarke der Gerin Druck GmbH, A-Wolkersdorf

Library of Congress Control Number: 2021936965

Bibliografische Information der Deutschen Nationalbibliothek
Die Deutsche Nationalbibliothek verzeichnet diese Publikation in der Deutschen Nationalbibliografie; detaillierte bibliografische Daten sind im Internet über http://dnb.dnb.de abrufbar.

Erschienen bei Birkhäuser Verlag GmbH, Basel
Postfach 44, 4009 Basel, Schweiz
Ein Unternehmen der Walter de Gruyter GmbH, Berlin/Boston

ISBN 978-3-0356-2431-1
e-ISBN (PDF) 978-3-0356-2433-5

9 8 7 6 5 4 3 2 1
www.birkhauser.com

Bildnachweis:
Georg Alfare: S. 11–17, 37–43, 87–91, 116, 128, 170
Kurt Hoerbst: S. 19–24, 78, 82, 122
Elisa Florian: S. 33
Albrecht Imanuel Schnabel: S. 33, 51, 58–59, 62–69, 71, 104–107, 140, 146, 149, 151, 154, 180
Daniel Hawelka: S. 45–49, 134
Roland Halbe: S. 52–57
Petra Rainer: S. 61, 70, 150, 152, 153
Lukas Schaller: S. 73–77, 79–81, 83–85, 160
Joshua Loher: S. 93–95, 176
Lars Klemensberger: S. 96–99, 178
Norman Radon: S. 101–103
Wilfried Feder: S. 109–111, 113–114, 118, 186, 188
Henning Koepke: S. 112
Schule am See: S. 154